ニューロマイノリティ

発達障害の子どもたちを内側から理解する

横道誠・青山誠 編著

北大路書房

はじめに　――ニューロマイノリティとは何か

認知科学にもとづいた幼児教育論を展開する佐伯胖さんに「内側から見る」というエッセイがあります。[*1]

ひとつの湯呑みを外側から見ると形、色合い、模様、手触り、傷、持ちやすさ、質感、陶磁器としての種類など、一般的な基準に照らして価値づけることになるけれども、湯呑みを内側から見ると、粘土層から土の塊が選ばれ、ロクロにのせられ、陶芸家の理想に即してバランスよく厚みのある新しいおのれへと変身していく生成と発展の歴史が体感されてくる。釉薬を塗られ、高熱の炉で焼かれ、しっとりとした「成人」として世に出てきて、さまざまな人の手にわたり、茶を注がれ、飲まれ、洗われ、仕舞われ、落とされて割られ、ゴミとして捨てられ、土にまじわって、役割を終えていく。

内側から見ることで、変身していきつつ体験される環境の風景が見えてきて、そこにはさまざま

＊1　佐伯胖「内側から見る」『信濃教育』第一二五三号（四月号）、一九九一年、四―一一頁。なお、同エッセイは、佐伯氏の編著書『子どもの遊びを考える――「いいこと思いついた！」から見えてくること』（北大路書房、二〇二三年、一八七―一八九頁）にも収録されている。

な喜び、悲しみ、苦しみが付随していることも見えてくるわけです。そうして内側から見たあとで、今度は外側からどう見られているかを内側から感じなおしてみると、湯呑みに対する一般的な価値づけが、うれしくもあるけれど、つらくもあることがはっきりしてきます。もっとよく見てほしい、自分の存在を大切にしてほしいという思いが湧いてくるのです。外側からの視線には痛みを感じさせるものもあるけれど、優しさを感じさせるものもある。それらの視線の語りかけに応えようとしていくと、自分の体についた傷は歴史を物語ること、一般的に評価される湯呑みとしての特徴も唯一性と固有性を備えたものだとわかってきます。

このように、内側から見ることで、外側からの見方も更新することができる、と佐伯さんは指摘します。もちろん佐伯さんは、この湯呑みのライフヒストリーを子どもたちに向き合う大人たちの「そうであってほしい態度」の暗喩として提示しています。向き合い方次第で、子どもたちのさまざまな真実が見えてきます。障害のある子どもたちについては、なおさら彼らの内面が推しはかれないと感じることが多いだけに、それだけいっそう彼らを内側から見てみることが必要なはずです。

さて、本書の題名に含まれた「ニューロマイノリティ」という言葉は、多くの人にとって耳慣れないものでしょう。いわゆる発達障害者や発達障害児に関わる文脈で、ニューロダイバーシティ(脳の多様性)という言葉がよく使われるようになってきました。多くの論者は発達障害のない定型発達者と定型発達児を「ニューロティピカル」(神経(学的)定型者)、発達障害者と発達障害児を「ニューロダイバージェント」(神経(学的)多様性者)と区分して議論をしていますが、代表的論者の一人にあたるジュディ・シンガーは「神経多様」なのは全人類がそもそもそうだとして、発達障害者と発達障害児のために「ニューロマイノリティ」（神経少数者）という名称を提言しています。[＊2]この用語法を踏まえるなら、定型発達者と定型発達児は「ニューロマジョリティ」（神経（学的）多数派）と呼ばれることになるでしょう。

少数派であるために生きづらいという視点には、もちろん議論上の限界もあります。重篤な知的障害を伴う当事者については、多数派対少数派という視点だけでは不充分な議論が発生してしまうでしょう。そのような子どもたちや大人たちの課題に対しては、生活の支援や手厚い療育などの、より現実的なセーフティネットの構築が求められるはずです。つまり、ニューロダイバーシティを適用しつつも、知的障害のない当事者とは別のアプローチを講じる必要があることでしょう。

しかし強調しておきたいのは、ニューロダイバーシティの考え方は、障害を美化しているわけではないということです。ニューロダイバーシティは、現代社会の現実上の問題として、ニューロマイノリティに属する当事者たちが困難や苦痛を抱えやすい社会構造が構築されていることを誤魔化す概念ではありません。大切なことは、このニューロダイバーシティという視点は、「ニューロマイノリティ」を単純な能力の欠如や劣位として捉える「障害」絡みの視点とは、異なる見方や発想

＊2　Singer, J. "Neurodiversity: Definition and Discussion". Reflections on Neurodiversity.

をもたらしてくれるということです。

「ニューロマイノリティ」は、「ニューロマジョリティ」と同じように多様性を生きていて、偶然の結果として少数派に属してしまっただけなのだと考えることで、彼らを助けるためのさまざまな方策に関して、想像力が湧いてくるはずです。そのような考えから、発達障害児のための保育や教育を多面的に考えてもらうために本書は、『ニューロマイノリティ——発達障害の子どもたちを内側から理解する』と名づけられました。


第Ⅰ部「支援者の常識を変えることから」は、ニューロマイノリティのための保育と教育についての基本的な考え方を提供します。執筆者として、ニューロダイバーシティ論の第一人者と言って良い臨床心理士・公認心理師の村中直人さん、「発達界隈」（発達障害の当事者、家族、支援者のコミュニティ）のインフルエンサーで放デイ（放課後等デイサービス）児童指導員を務めているすぷりんとさん、精神科医の柏淳さんが登場します。

第1章「『成熟した発達障害成人像』からニューロダイバーシティを考える」の村中さんは、ニューロマイノリティが理想的な形で精神的に成熟を遂げることができるとしたら、それはどのような大人と言えるだろうか、という問題提起を行います。ニューロマイノリティは環境要因によって、成長をさまざまに抑圧されています。ですが、それらの社会的障害がなければ、彼らはニューロマイノリティとしての特質を充分に開花させることができるのではないか、というのが村中さんの視点です。村中さんはこの考え方を、ニューロマイノリティのうちでも自閉スペクトラム児に焦点を絞りつつ、展開しています。

あらかじめ知っておいてもらいたいのは、発達障害は先天的に脳神経のつくりが多数派とは異なっているということです。保育や教育の過誤によって発生する後天的な障害ではありません。「発達障害」という語感は、いかにも「発育不良の障害」と誤解させやすいものですが、発達障害の正式な医学名は「神経発達症」というもので、問題は生まれつきの脳神経システムの特異性です。虐待や育児放棄（ネグレクト）を受けるなどの影響から、後天的に発達障害的な精神形成が発生する事象も知られていて、「発達性トラウマ障害」と呼ばれたりしますが、また生まれつきの発達障害児がその発達性トラウマ障害を併発している事例も少なくないように見受けるものの、ここでは一度、問題を切りわけることにさせてください。いずれにせよ、「発達障害者も発達する」という神田橋條治さんの名言、「発達界隈」でもよく語られるこの言葉は、ごく当たり前のことなのだと知っていただけないでしょうか。そのうえで、村中さんという第一人者による論述と思考実験を楽しんでいただければと思います。

発達障害の当事者でもあるすぷりんとさんは、第2章「『普通』に囚われてしまった子育て」で、ABA（応用行動分析学）の治験を生かしつつ、「普通とは何か」という問いかけをします。ニューロマイノリティたちが、幼い頃から世の中の「普通」によって、いつでもどこでも苦しめられてきたことに起因する魂の叫びが背景に横たわっています。しかし、みずからも当事者であるすぷりんとさんの論理展開はあくまで緻密で冷静です。ニューロマイノリティには、子どもだった頃に自分たちを厳しく追いつめた親たちに憎しみを抱いている事例も珍しくありませんが、すぷりんとさんは、親たちの苦しみにも眼を向け、発達障害児への支援は彼らの親への支援から始まると訴え、その具体策に光を当てます。

日本で発達障害が急速に認知されたのは二一世紀になってからなので、じつは精神科医療の現場でも、残念ながら発達障害についてズレた理解をしている医者たちはたくさんいます。ましてや当事者の主導によって生まれてきたニューロダイバーシティを深く理解している精神科医となると、ほんとうに貴重な存在です。第3章「精神科医にとっての発達障害とニューロダイバーシティ」を担当してくれた柏淳さんは、まさにそのように貴重な精神科医です。柏さんが院長を務めているハートクリニック横浜のブログに柏さんがコツコツ連載してきた記事に、私（横道誠）は以前から注目してきて、ぜひその一部を再構成して、本書のために提供してほしいと依頼しました。そうして精神科医による見事なニューロダイバーシティ論が本書に掲載されることになりました。

第Ⅱ部「ニューロマイノリティの体験世界」は、ニューロマイノリティがどのような人生を生きているか、また生きてきたかを内側から理解できるような文章を集めています。執筆者として、特別支援学校の教員を務めていた公認心理師の内藤えんさん、本書の編著者の一人で、大学の文学部で教えている私（横道誠）、やはり本書の編著者の一人で、保育者として働く青山誠さんが登場します。

第4章「リジョイス！」の内藤えんさんは、小説仕立てで自分の分身「ナナ」の大学時代を描きます。舞台は発達障害が世間でほとんど知られていなかった一九九〇年代、内藤さん自身の青春期がモデルになったショートストーリーです。ニューロマイノリティの少女が、成人女性へと成長しつつある過渡期に、どのような生活世界を歩んでいくか、その一端が具体的に切りだされています。内藤さんは、フィクションはノンフィクションより真実を伝えることがあると信じていますが、このような作品から、「ニューロマジョリティ」も「ニューロマイノリティ」の体験世界を内側から理解できるようになるのではないでしょうか。

第5章「少年期／少年時代」の横道は、幼稚園時代から高校卒業までの自分史を語ります。自分の過去を振り返りながらニューロマイノリティとしての自分の特性に向き合う作業は、『みんな水の中――「発達障害」自助グループの文学研究者はどんな世界に棲んでいるか』（医学書院、二〇二一年）、『イスタンブールで青に溺れる――発達障害者の世界周航記』（文藝春秋、二〇二二年）、『ある大学教員の日常と非日常――障害者モード、コロナ禍、ウクライナ侵攻』（晶文社、二〇二二年）、『解離と嗜癖――孤独な発達障害者の日本紀行』（教育評論社、二〇二三年）でも取りくんだことですが、子ども時代の生育歴を著作中でこんなにコンパクトにまとめて回顧するのは初めてです。『発達界隈通信――ぼくたちは障害と脳の多様性を生きてます』（教育評論社、二〇二二年）や『ひとつにならない――発達障害者がセックスについて語ること』（イースト・プレス、二〇二三年）で試みた発達界隈の仲間へのインタビューを思い出しながら、それを自分にも適用するような感覚で書きました。

なお第4章と第5章は、第1章で村中直人さんが提起した理想としての「成熟した発達障害成人像」に対して、「成熟が難しい発達障害成人という実態」を対置するという趣向にもなっています。いつかニューロマイノリティが成熟しやすい社会が訪れますように、と願いつつ、読者のみなさんが楽しく読まれることを祈っています。

第6章「怪獣たちのくるまえに」の青山誠さんは、著書の『あなたも保育者になれる――保育者・青くんのブルーノート』(小学館、二〇一七年)で、保育者は子どもとの距離感を、伸び縮みするゴムのようにして変更していくのだ、と記しています。集団を俯瞰するときの「遠」、ひとりの子どもを見守るときの「中」、その子の隣で話し、遊んで、その子の風景を共有するときの「近」の三つがあり、そのつどの距離感の見極めが大切だと教えてくれています。「怪獣たちのくるまえに」は、ニューロマイノリティに対する「近」の実践記録であると同時に、そうやって見えてくる風景が、子どもを「内側から見る」ことをしない世界の風景と、どれだけ隔たっているかを伝えてくれます。青山さんは当事者としてでなく支援者としてこの文書を書いてくれたのですが、「ニューロマイノリティ」の内観を示す資料として価値があると考え、この位置に配置しています。

第Ⅲ部「隣人たちのまなざし」では、身近にいるニューロマイノリティたちと日常生活でどのように関わってきたかという二つの報告を掲載しています。執筆者として、狩猟と出産という死と生の瞬間に向き合い、レンズに収めてきた写真家の繁延あづささんと、成長したニューロマイノリティの雇用促進のために企業向けにニューロダイバーシティを訴えてきた活動家の志岐靖彦さんが登場します。

第7章「小さな友の声から」の繁延あづささんは、日常生活で出くわしたニューロマイノリティの男児とその母親との交流を描いています。どこにでもあるはずの親子の情景が、ニューロダイバーシティの問題と交わることで、独特の陰影を見せています。母親として子育てをしている立場から見た発達障害の世界は、読者のみなさんにとっても参考になることでしょう。繁延さんは名文家としても知られ、その叙述には独特の情緒が漂っていると感じてもらえるはずです。プロフェッショナルのカメラマンとして撮影した美麗な写真の数々とともに楽しんでいただければと思います。

第8章「発達特性を障害化させないこと」の志岐靖彦さんは、発達障害の特性をもちながらも、生きづらさを感じていないために、発達障害者として診断されなかったという活動家です。発達障害の特性があっても、精神科でそれがすぐに診断されるわけではありません。発達障害者が生活に支障を来してしまった場合——それは裏返してみれば、生活環境が発達障害の特性をもった当事者に社会的障壁を立ちあげてくる場合とも言えます——、そういう場合に初めてその人に発達障害が診断されるというルールになっています（ときおり、生きづらさがないのに発達障害と診断されたという当事者がいますが、それは診断をくだした精神科医がヤブ医者だったというだけです）。

志岐さんは生きづらさを感じない自分の人生経験と、生きづらさに喘いできた発達障害者たちの経験談を総合して、発達障害の特性をもった人が発達障害者として診断されない世界を夢見ています。社会の整備が進み、発達障害の特性をもった当事者それぞれの環境が調整されるならば、生活環境が社会的障壁を立ちあげることはなく、もはやその人は障害者ではなくなります。そのような未来をつくるための種まきを、自助グループを通じて志岐さんは実践しています。

第Ⅳ部「ニューロマイノリティを論じる」は、専門研究者たちによる発達障害児論です。執筆者として、教育人間学および育児学の大家として知られる汐見稔幸さんと、「ケアの倫理」に考察をめぐらせてきた英文学者の小川公代さんが登場します。

第9章「内側から人を理解するということ」の汐見稔幸さんは、ニューロマイノリティの子どもの体験世界を内側から理解できるようにするために、汐見さんなりの理論構築を試みています。一九八〇年代から育児学や教育人間学のフロントランナーとして活躍してきた汐見さんにとっては、日本では二〇一〇年代になってからにわかに人口に膾炙することが多くなったニューロダイバーシティの問題に足がかりをつけることが大きな課題と感じられたようです。非常に多彩な内容が言及されていますが、一般的なニューロダイバーシティに関する議論では話題にならないことも多く含まれ、私たちの視野を広げてくれる一編です。

第10章「ニューロマイノリティを文学から考える」の小川公代さんは、ヴァージニア・ウルフとウィリアム・ワーズワスという世界文学級の作家と詩人を議論の二つの軸に据え、さまざまな文学作品、障害についての考え方、ケアの倫理を踏まえて、ニューロマイノリティについて考えをめぐらせます。ウルフやワーズワスの時代には、発達障害はまだ発見されておらず、単純に「白痴」や

「変人」として認識されていました。その時代にも当然、ニューロマイノリティには苦しい人生があったわけですが、発達障害という言葉がなかった以上、論じるのは至難のわざということになります。保育関係者をおもな想定読者とした本書で、小川さんの冒険的思考が、新しい視界を開いていくことを願っています。

以上、全体の構成について説明してきました。本書はご覧のとおり、専門家と当事者が協働することによって、専門的知識（専門知）の魅力と体験的知識（経験知）の魅力を編み合わせ、新しい知の地平を拓こうとする実験的な書籍です。ニューロダイバーシティ論のように専門性と当事者性がともに実質的な価値を有する分野では、このようなコ・プロダクション（共同創造）がますます促進されていくべきではないでしょうか。その願いに立って、私たちは本書を編纂しました。

本書は編著者の青山誠さんと私・横道誠、そして編集担当者の西吉誠さんという「三人の誠」が柱として踏んばることで、完成に漕ぎつけました。執筆者のみなさんと、読んでくださる読者のみなさんに感謝をこめて、「はじめに」を終えます。素敵なカバーイラストを提供してくれた笹部紀成さん、ブックデザインを担当してくれた吉野綾さんによってみごとな外観も備えた本書が、広く愛されることを願っています。

二〇二四年一月

横道　誠

目次

第Ⅰ部
支援者の常識を変えることから

第 **1** 章

「成熟した発達障害成人像」からニューロダイバーシティを考える

村中直人

「成熟した自閉スペクトラム成人」や「成熟したADHD成人」と言われて、あなたがイメージするのはどんな人でしょうか？　それはいわゆる「定型発達（TD：Typical development）」の大人と見分けがつかない人のことでしょうか？　それとも、今の社会で「成熟した大人」と考えられている常識とは、全く異なる人物像が思い描かれるでしょうか？　ひょっとしたら、成熟した発達障害成人など存在しないと考える方もおられるかもしれません。

〝成熟した発達障害成人〟とはどんな人なのか。

私はこの問いを、とても重要な問いだと思っています。そして少なくとも日本においてもっともこの問いに悩み、考え続けてきた一人だと自負しています。

この問いがなぜ重要なのか。それはこの問いにどう向き合い、どう答えようとするのかで、ニューロマイノリティの人たちに対する教育、就労、子育て、さらには支援や医療の方向性が大きく変わると思うからです。もっと言うと、発達障害と呼ばれる限られた少数派の人たちを理解することにとどまらない、人間理解の視座そのもののアップデートにつながる話だとすら思っています。発達障害観のアップデートではなく、です。

こういう言い方をしてしまうと、私がこれから「成熟した発達障害成人」について、具体的な人物像を提示し持論を展開すると思われる方がおられるかもしれません。しかしながら、本稿の趣旨は、この問いの「正解」をお伝えすることではありません（そういう話を期待して読まれている方がおられましたらすみません）。私はこの問いに明確な「正解」を見つけられていませんし、早急に答えを確定させることに価値があるとも思っていません。そもそも「成熟した大人」とはどんな人なのかという問い自体が、地域の文化や個人の価値観に大きく影響されるものであり、唯一絶対の「正解」など存在しないのかもしれません。

しかしながら、いやだからこそ私はこの問いを考え続ける過程に意味や価値があると思っています。少なくとも、脳や神経の働き方の違いに由来する多様性を尊重できる、「誰もが生きやすい」ニューロダイバーシティ社会を実現したいと思うならば、この問いから重要なヒントや気づきを得ることができると思っています。ゆえに本稿のねらいは、この問いを考え続ける仲間を増やしたい、という私のささやかな願いを叶えることということになるのかもしれません。

ここから先は、この問いを考えていくうえで必要な前提情報や、この問いがもつ意味について、私なりの整理におつきあいいただければと思います。遠回りしているように感じられるかもしれませんが、基本的なところから整理し丁寧に考えるべきテーマです。

1．多数派であること、定型であること

まず最初に、整理しておきたいのは「多数派」であることと「定型」と捉えることの違いについてです。ニューロダイバーシティの文脈において、脳や神経のあり方、働き方が少数派で特異的な人たちを表現するために使われる三つの英語表現を切り口に考えたいと思います。

一つ目はニューロダイバース（Neurodiverse）という言葉、二つ目がニューロダイバージェント（Neuro-divergent）。そして最後の一つが本書のタイトルになっているニューロマイノリティ（Neuro-minority）です。それぞれ、日本語に直訳するならばニューロダイバースは「神経（学的）多様性」、ニューロダイバージェントは「神経（学的）多様性者」もしくは「神経（学的）逸脱者」、ニューロマイノリティは「神経（学的）少数派」とでもなるでしょうか。意味的に似通っているようにも思えるこれらの言葉ですが、実はその意味することには本質的な違いがあります。また、使用される頻度にも大きな差があります。英文でニューロダイバーシティが語られる場合、学術論文でもネット記事でも、ニューロダイバースやニューロダイバージェントが用いられることが一般的であり、ニューロマイノリティはあまり使われていません。ですが私はニューロマイノリティをもっぱら使用し、他の二つはほぼ使用しません。なぜそうしているのか、その理由について説明します。

まず、ニューロダイバースは形容詞ですので、ニューロダイバース・パーソンなどと人物を形容する形で使用されます。特にビジネス系の論文や記事などでは、発達障害の言い換えとしてこうい

った表現が用いられる場合があります。しかしながらこの表現方法は、本来的な意味を考えると明らかに誤用です。なぜならば、ニューロダイバースという形容詞が修飾するのは「集団」か「地域」でなければならないからです。つまり、ある集団における脳や神経の特性が多様であることを意味する言葉です。たとえば自閉スペクトラム者ばかりの集団はニューロダイバースではないということになるでしょう。そのため、個人を表現する言葉としてはニューロダイバージェントと、ニューロマイノリティのどちらかということになります。

ニューロダイバージェントという言葉は、海外の発達障害当事者、特に自閉スペクトラム者が好んで自分たちを表現するために使用する言葉です。語感としては脳のあり方が「普通ではない」「逸脱した存在」というニュアンスの表現となるでしょうか。この言葉のニューロマイノリティとの違いは、それぞれの対義語を提示することで、理解しやすくなるでしょう。ニューロダイバージェントの対義語はニューロティピカル（Neuro-typical：神経（学的）定型）、ニューロマイノリティの対義語はニューロマジョリティ（Neuro-majority：神経（学的）多数派）とされることが一般的です。これら二つの対義語の一番大きな違いは、「人間にとって普通の（ときにあるべきとされる）姿」という発想が根底にあるかどうかだと、私は考えています。日本語ではニューロティピカルに相当する言葉として定型発達がよく使われます。「定型発達」と私たちが言うとき、人間とは基本的にこういう存在なのだという「スタンダードな基準」が存在しているかのように使われているのではないでしょうか。もう少し踏み込んで言うと、人の「あるべき姿」を発達や特性の平均を根拠に描き出しているといえるかもしれません。しかしながら、現状で定型発達と呼ばれている姿は、あくまで「今の社会の多数派の平均」を意味しているに過ぎないことを忘れてはなりません。それは本来、相対的な概念なはずなのです。

ここまでをまとめると、ニューロマイノリティという言葉は単純に少数派であることを意味している（ここで言うマイノリティの意味は、単に人数が少ないという意味だけでなく社会的に弱い立場に置かれているというニュアンスも含みます）のに対して、ニューロダイバージェントという言葉は「普通の姿」「標準的な姿」を基準として、その姿からの「違い」が大きい人を意味しているということになるかと思います。これは裏を返すと、「定型発達」というものが、人間の絶対的な基準として存在していることを前提としていることになるでしょう。そしてその基準から「逸脱」している人たちの存在を尊重しようという発想です。

しかしながら私は平均を前提とした人の姿を「定型」、つまり人の標準的なあり方とすること、そのものに強い違和感があります。そのため、当事者が使う言葉としてのニューロダイバージェントを尊重する気持ちはあるものの、個人的にはニューロマイノリティという言葉を使うようにしています。

2．多数派が入れ替わった世界を考える

多数派・少数派であることと、定型・非定型であることの違い。そんなことにこだわるのは、枝葉末節の言葉遊びだと思われる人もいるかもしれません。しかしながら、私たちの日々の生活の前提を形作り、この社会が生きづらいものになったり、生きやすくなる人が増えたりすることに強く影響を与える重要なテーマだと私は思っています。このテーマを考えるうえで役立つ、思考実験があります。それは「多数派が入れ替わった世界」がどんな社会になるのかを考えることです。そうすることで、今の社会に存在する「普通」「常識」「当たり前」が、いかに相対的なものであるかを理解することができるでしょう。それはつまり、今「定型」とされている人のあり方は、たまたま今の社会で「多数派」であることだけに支えられているという現実に向き合うことです。

たとえば、自閉スペクトラム者が圧倒的多数（たとえば人口の九九％）である惑星を想像してみてください。もう少し丁寧に前提を説明すると、物理的環境と全般的な知的能力（ＩＱ）の分布は今の地球と全く同じで、自閉スペクトラムの特性がほぼ全員にある社会の仮定です。自閉スペクトラム者が九九％の社会、それはつまり自閉スペクトラム者が「定型発達」と呼ばれることを意味しています。その社会は一体どんな社会なのでしょうか？　もちろん、実際に地球全体がそんな社会になることは、可能性として非常に低いでしょう。しかし、想像力という人間のもつ無限の翼を活用することで、その社会をありありと描き出すことは可能なはずです。さらにいうと、局所的な現

象として「自閉スペクトラム者が多数派」である社会が存在する可能性はゼロとは言い切れないはずです。

便宜上、自閉スペクトラム者九九％の惑星のことを自閉世界と呼ぶことにします。自閉世界について、まず最初に考えなくてはいけないことは、その社会の永続可能性なのかもしれません。少なくとも今の多数派がつくっている社会と同程度に、自閉世界は永続することができるのかという問いです。

読者のみなさんはどう思われるでしょうか？

『障害者』が九九％の世界なんてすぐに滅びるに違いない」「何代にもわたって子孫を残すことは難しいのではないか」、そう考えられる方もおられるかもしれません。自閉症スペクトラム〝障害〟は「社会性の障害」と精神医学上は定義づけられ、長期的に対人関係を持続させることや社会的コミュニケーションに「重大な欠陥」をもっているとされているわけですから、そう考える方がおられても無理はないように思います。

しかしながら、実はそうではないようです。少なくとも知的能力の分布が、今の社会と変わらない前提をおいた場合、自閉世界の永続可能性は今の社会とあまり変わらない可能性が高いように思います（なぜそう考えられるのかについては後ほどご説明いたします）。もちろん社会のあり方、つまりそこで当たり前とされる社会常識や行動規範、また社会システムのあり方は今の社会とは大きく異なっている可能性が高いでしょう。けれどそれはそれで、「人間」社会のあり方の一つなのです。

　ここまで整理してようやく、本稿の本題に話は戻ります。成熟した発達障害成人、ここでは特に成熟した自閉スペクトラム成人とは、自閉世界において「成熟していると評価される大人」とは、どんな人なのかという命題なのです。つまり、今の社会において「適応的に生きていける人」を考えることではありません。もちろんそれはＡＤＨＤについても同じで、ＡＤＨ（Ｄ）[*1]者九九％の社会を念頭において「成熟したＡＤＨ（Ｄ）者」を考えなくてはいけません。今の社会において「どうやったら適応的に生きていけるのだろう」と考えることとは、根本的に論点が違う話だということは、とても重要な視点です。

　発達障害の臨床や教育に深く長く関わっておられる方ほど、この違いを肌感覚としてご理解いただけるのではないでしょうか。発達障害を支援するということの意味は、多くの場合で目の前の社会に何とか適応的に生きていけるようにサポートする、関わるということにならざるをえません。しかしながら、その視点で彼ら、彼女らと向き合うことに、どこかザラザラとした違和感を覚える方も多いはずです。それはつまり、ニューロマイノリティの人たちの「ありのままの姿」を諦めて、目の前の現実のためにどこかを歪めなくてはいけないような、そんな矛盾を感じるからなのではないでしょうか。目の前の社会に何とか適応するために必要なことを考えるのは、もちろん重要なことです。しかしながら、多数派が入れ替わった世界において彼ら、彼女らは本来どんなふうに育ち、どんなふうに学び、どう生きるのかを考えることなしに、ニューロマイノリティの人たちを真に理解することは難しいのではないかと思うのです。

3．自閉スペクトラム者の「特性」とは？

自閉世界において、どんな人が「目指すべき人物像」「イケてる大人」とされるのかを考えるためには、そもそも自閉世界がどんな社会なのかを想像することが不可欠です。そこで必要になるのが、前提となる自閉スペクトラム者の「特性」についての理解です。

自閉スペクトラム者にある固有の「特性」とはなにか。

読者のみなさんはこの問いに何と答えますでしょうか？　これは非常に難しい問いです。学術的にも広くコンセンサスが得られた考え方が存在しているとは言いがたいでしょう。しかしながら少なくとも「対人関係を構築し維持することが下手」「コミュニケーションがうまくとれない」などの、自閉スペクトラム障害についてよく知られた記述は、彼ら、彼女らの「特性」ではありません。なぜならば、それは自閉スペクトラム者の内側にあることではなく、今の社会や環境との相互作用の結果生まれる「生きにくさ」や「よくある困難」に過ぎないからです。自閉世界においてはそう

＊１　ＡＤＨＤの最後のＤはdisorder（障害）を意味している。そのため、障害としてではなく、脳や神経の特性の違いとしてＡＤＨＤを表現するためにＡＤＨと表現される場合がある。

いった困難のほとんどが消えてしまうことでしょう。少なくともそれらが、症状や障害と呼ばれるほど顕著な生きづらさにつながることは起きないはずです。

　では、自閉世界においても消えることのない自閉スペクトラム者独自の「特性」とはどんな性質なのでしょうか？　いくつかの可能性が考えられる中で、有力だとされる仮説の一つに「ソーシャルモチベーション仮説」[*2*3]と呼ばれるものがあります。この仮説は、自閉スペクトラムの中核的な特性として社会的な動機づけの低下を指摘するものです。社会情報に動機づけられないとは、言い方を変えると人間や人間によって提供されるものを特別に価値の高いものと捉えないと表現することもできるでしょう。たとえば自閉スペクトラムの子どもたちは幼少期から顔や他者の視線の方向など社会的情報への注視が少ないことが知られています。その傾向は生後六か月の赤ちゃんから確認できるという報告[*4]もあり、生来的なものだと考えられています。そういった傾向があることで、社会的学習の機会が減り、社会的スキルの発達が阻害されるのではないかと説明されているのです。

　もう少しかみ砕いて表現するならば、人との関わりがモチベーションの源泉になりにくい人たちと言えるかと思います。それは他者からのまなざしかもしれませんし、笑顔かもしれません。他者の声や励ましである場合もあるでしょう。いずれにせよ、今の定型発達とされる人たちにとってはとても重要な、「他者との関わり」というものを、あまり重要視しない脳や神経の働き方があるようです。この仮説をより正確に理解するために、もう少し説明すべきことがあります。それは「人間を特別扱いしない」ことは、決して「社会情報を意図的に避けようとする」とか「人間を嫌いである」ことを意味しているわけではないということです。自分を取り巻く環境の無数の情報のうちの、社会的な情報へ自然に（多くの場合無意識に）振り向けられる認知リソースが少ない傾向があるということなのです。その証拠に、自閉スペクトラム者の脳内報酬系回路は、社会的報酬に対する「欲しい」回路は低活性だが、一方で「好き」回路においては低活性が消失するという報告[＊5]もなされています。つまり、他者を「欲しがる」そぶりは見せないが、「好き」であることが起きがちだということになるでしょう。

自閉スペクトラム者の特性を動機づけの源泉の違いに求める考え方は、単純な能力の欠如と捉える視点よりも現実に即した理解であると私は思います。けれども、結局のところ「障害」の原因としか捉えていない（ように私には見える）ところに、ニューロダイバーシティ視点での物足りなさを感じるのも事実です。社会的な情報に強くモチベートされることが人間の「あるべき姿」であり、

＊2　Chevallier, C., Kohls, G., Troiani, V., Brodkin, E. S. & Schultz, R. T. (2012). The Social Motivation Theory of Autism. *Trends Cogn Sci*, **16**(4), 231–239.
＊3　Clements, C. C., Zoltowski, A. R., Yankowitz, L. D., Yerys, B. E., Schultz, R. T. & Herrington, J. D. (2018). Evaluation of the Social Motivation Hypothesis of Autism : A Systematic Review and Meta-analysis. *JAMA Psychiatry*, **75**(8), 797–808.
＊4　Chawarska, K., Macari, S. & Shic, F. (2013). Decreased spontaneous attention to social scenes in 6-month-old infants later diagnosed with ASD. *Biol Psychiatry*, **74**(3), 195–203.
＊5　Clements et al. (2018). op. cit.（＊3）

そこから外れることは「欠損」「劣位」であるという固定的な価値観が、その前提にあるように思うからです。

読者のみなさんの中にも「人との関わりがモチベーションの源泉になりにくい」と聞いて、「にんげんらしくない」「人としての感性や温かみに欠ける」などと感じられた人もいるかもしれません。しかしながらその感覚は、自閉スペクトラム者のありのままの姿を「人としてありえない姿」として切り捨て、自分たちとは違う、時に劣った存在として〝ニューロダイバース〟と呼びたくなる、そんなまなざしになってしまっているのではないでしょうか。社会情報にモチベートされにくい脳や神経の働き方は、果たして本当に人間にとって劣った特性なのでしょうか？　答えは明確に「否」だと私は思います。そのことは、自閉世界を詳細に描き出すことにより、より相対的でフラットな人間の「違い」に過ぎないということが理解できるはずです。

多くの人が人間に特別な関心を抱かない社会。これは今の社会のあり方とあまりにも異なっていますので、なかなか想像しにくいかもしれません。そんな社会が成立するのか、ということに疑問を感じられる方もおられるでしょう。しかしながら「人間は人間に特別な関心を向けるべき」という先入観を外すことができれば、意外と理解しやすいのかもしれません。結局のところ、何に自然な注意や関心が向くのかという、無意識、ボトムアップレベルの認知リソース対象の違いでしかないからです。その点について、自閉スペクトラム者の報酬系回路を対象とした神経科学領域のメタアナリシス研究で興味深い報告[*6]がなされています。それは、自閉スペクトラム者は社会的報酬だけでなく非社会的報酬においても脳内報酬系回路の主要部位（尾状核や側座核など）に低活性がみられるというものです。ドーパミンニューロンを中核とする脳内報酬系回路は人の意欲や欲求を支えるメカニズムだと考えられていますので、この部分だけを見ると、自閉スペクトラム者が何に対しても意欲の低い、非常に受動的な存在であるかのように思えるかもしれません。

しかしながらもう少し、注意深く研究報告を紐解いていくと全く異なる景色が見えてきます。これらの研究において用いられる刺激は、社会的報酬に人の顔写真、非社会的報酬に金銭情報が用いられることがほとんどです。つまり、研究によってわかったのは、定型発達とされる人たちの多くの人が報酬系回路を刺激される人の顔とお金に、自閉スペクトラム者はあまり反応しないと言っているに過ぎないのです。その証拠に、いくつかの研究では非社会的報酬を金銭報酬と限定された興味刺激に分けて調査し、後者において報酬系回路がむしろ強く活性化することを報告しています。限定された興味刺激とは、具体的には「電車」などの自閉スペクトラム者が好む傾向のある情報のことです。結論としては、自閉スペクトラム者の報酬系回路は人の顔とお金では活性化せず、本人の好きなもので活性化したという、現場の実感から考えると何のことはない、当たり前のことが脳・神経科学的にも確認されたことになります。さらに言うと、自閉スペクトラム者が好むものを「限局された興味」などと恣意的に分類するのは、非常に失礼なことなのだとも思います。その視

＊6　Clements et al. (2018). op. cit.（＊3）

点で言うならば、今の多数派について「社会情報に対して極端に限局的かつ強烈な興味を向ける」と表現することも可能だということになるでしょう。ボトムアップレベルの認知リソースが人間に向くことが「あるべき姿」なのだと考えることは、多数派の驕りなのではないかと私は感じています。

ここまでソーシャルモチベーション仮説を例に自閉スペクトラムの「特性」について述べてきましたが、他にも注目の有力仮説が複数あります。たとえば、「強烈な世界仮説（Intense World Theory）」[*7]と呼ばれる仮説では、局所神経微小回路と呼ばれる脳の基礎モジュールの機能亢進により引き起こされる、高反応性と高可塑性が最も特徴的であると主張しています。基礎情報処理レベルの脳の機能亢進により、自閉スペクトラム者は環境刺激に対して局所的、詳細かつ強烈な知覚を体験していると考えられているのです。近しい仮説として、下位レベルの知覚操作の優位性を強調する「強化された知覚機能仮説（Enhanced Perceptual Functioning）」[*8]があります。この考え方では、自閉スペクトラム者の知覚レベルの情報処理能力は、非自閉スペクトラム者と同様という意味で優位なのではなく、絶対的な性能と相対的な関与において非自閉スペクトラム者より優れていることを強調しています。また近年の研究成果として、事前知識の表象であるベイズプライヤの低下を指摘する「ハイポプリオール仮説（hypo-priors hypothesis）」[*9]も、無視できない影響力があります。自閉スペクトラム者の知覚メカニズムの特徴として、事前経験による影響が低く、入力された「世界を正確に知覚する傾向」があることを強調しています。自閉スペクトラム者はむしろ「リアル過ぎる（too real）」世界に生きているのではと指摘されているのです。

ここでご紹介した「強烈な世界」「強化された知覚」「ハイポプリオール」に共通しているのは、特定の能力に限定しない、自閉スペクトラム者の広範囲で全般的な情報処理のあり方を分析することで、自閉スペクトラムの特性を優劣の視点抜きにフラットに記述しようとしている点にあるかと思います。また、環境から入力される情報そのものを重視し、より初期、低次の情報処理に優位性があると指摘している点においても共通しています。もう少しかみ砕いて説明するならば、自閉スペクトラム者は先入観に囚われることなく、外界からの入力情報を正確にありのまま捉えようとする傾向があり、時にそれが強い不快感や不安、限局された対象への強固な没入につながる場合があると考えられているのです。

＊7　Markram, K. & Markram, H. (2010). The Intense World Theory－A Unifying Theory of the Neurobiology of Autism. *Front Hum Neurosci.* **4**, 224.

＊8　Mottron, L., Dawson, M., Soulières, I., Hubert, B. & Burack, J. (2006). Enhanced perceptual functioning in autism: an update, and eight principles of autistic perception. *J Autism Dev Disord*, **36**(1), 27-43.

＊9　Pellicano, E. & BurrWhen, D. (2012). When the world becomes 'too real': a Bayesian explanation of autistic perception. *Trends Cogn Sci*, **16**(10), 504-10.

4. 数々の疑問

自閉スペクトラムに関する科学は、まだまだごく一部ではありますが近年ニューロダイバーシティな視点や価値観を獲得しつつあるように思います。それは、自閉スペクトラムの特性を単なる能力の欠如、欠損として捉えるのではなく、よりフラットに「違い」を理解しようとするまなざしです。たとえば今回ご紹介した研究知見をもとに私なりに整理するなら、自閉スペクトラム者は社会情報に特別な価値を与えず、外界情報をできるだけ忠実に正確に認知しようとする脳・神経の持ち主たちと表現することも可能でしょう。このように記述すると、それは必ずしも、その特徴がすなわち「障害」であるとは言えないはずです。

社会情報に特別な価値を与えないということは、自閉スペクトラム者が「社会を構築できない」ということを意味しません。彼ら、彼女らなりの方法やあり方で、必要に応じて人とつながってコミュニティを形成し、子孫を残していくでしょう。その社会は今私たちが暮らしている社会とはさまざまな点において異なっているでしょうけれど、それもまた人の営みの一つの形なのだと思います。

では自閉世界はいったいどんな社会なのでしょうか？　ここからは少し私の想像、妄想におつきあいいただきたいと思います。

自閉世界はきっと、感情よりも論理に親和性が高く、また再現可能性の高いものに価値を感じる価値観が優位な社会でしょう。ルールや規範はシンプルで明確であり、明示化されていないモラルのようなものは不要と考える人が多いように思います。またコミュニケーションにおいては、感情の共有よりも論理や解決の共有こそが重要な側面であると強調される傾向があるでしょう。

このような抽象的な記述だけではピンとこない人もおられるかもしれません。ここで一つ、自閉スペクトラムの研究にも用いられる「失言検出課題」で具体例をお伝えしましょう。この課題は（自閉スペクトラム者が「失言しやすい」人たちであるという前提のもと）、特定の状況や会話文をもとに「失言はどれか」を答えてもらうことで、失言を検出する能力があるかどうかを検査するものとされています。

たとえば、こんな文章です。

けんじはゆうたの誕生日に一番のお気に入りのおもちゃの飛行機をプレゼントしました。数か月後、二人がその飛行機を使って遊んでいると、手が滑ったけんじが飛行機を落として翼が折れてしまいました。

するとゆうたが言いました。

「気にしなくていいよ。その飛行機あんまり好きじゃないから」

それを聞いたけんじは怒ってこう言いました。
「これ僕がプレゼントしたものだよね、ゆうたくんひどいよ！」

この文章は失言検出課題を私なりにアレンジしたものです。読者のみなさんは、この文章の中で「失言」、つまり相手の気持ちを損なうよくない言動をしたのは誰だと思われますでしょうか？　この検査の意図としては通常、「失言」したのはゆうたであるとされます。一番のお気に入りのおもちゃをプレゼントした、けんじのせっかくの気持ちを大事にしていない、気まずい発言だとされるからです。

しかしながら自閉世界の「正解」はきっと異なっていて、けんじが不適切な行動をしていることになるでしょう。事実を述べているのはゆうたであり、何も間違えたことは言っておらず、相手を思いやる気遣いまで見せている。一方けんじは相手の好みを確認せずにプレゼントを押しつけておきながら、気遣うゆうたの気持ちを無視して怒り出す不適切で理不尽な行動をしていると評価される可能性が高いでしょう。この自閉世界に関する私の予想が正しいかどうかはわかりません。ですがここで私が強調したいことは、このように根本的な価値観が「違っている」可能性があり、またどのように異なっていたとしてもどちらの社会の価値観や考え方も「人の営み」の一つであるということです。当然ながら、それらに優劣、ましてや正解や不正解などはないはずです。そこにある違いはただ、どんな人が「多数派」なのかだけです。

このように自閉世界を詳細に考えていくことで、自閉症スペクトラム〝障害〟についていくつもの疑問が生まれてきます。

たとえば、自閉世界において、「社会性の障害」「共感能力の欠如」と評価されるのは一体誰かという疑問です。そのことを示唆する興味深い研究報告[*10]があります。「自閉スペクトラム者のみ」「非自閉スペクトラム者のみ」「半数ずつのミックスグループ」の三つのグループをつくって、いわゆる伝言ゲームをした結果、コミュニケーションの問題が発生したのはミックスグループだけだったという研究報告です。さらに興味深いのは、各グループのラポール（信頼や親密さ）形成を尋ねると、それもミックスグループのみで低かった（信頼関係を構築できなかった）のです。つまり、自閉スペクトラム者はコミュニケーション相手が「同族」である限り、少なくともこの研究における状況においては「社会的コミュニケーション障害」がなかったことになります。

これらの結果が示唆しているのは、自閉世界において「社会的コミュニケーションの障害」があるとされるのは、高い確率でこの社会の「定型発達」とされる人たちであろうということです。自閉世界においては、今の定型発達者は極めて少数派であり、多数派である自閉スペクトラム者とのコミュニケーションに困難を感じる可能性が高いからです。コミュニケーション面だけなく、共感

＊10　Crompton, C. J., Ropar, D., Evans-Williams, C. V. M., Flynn, E. G. & Fletcher-Watson, S. (2020). Autistic peer-to-peer information transfer is highly effective. *Autism*, **24**(7), 1704-1712.

能力についても同じことが言える可能性が高いことを示唆する研究[*11]も存在しています。コミュニケーション能力や共感能力は、決して個人の内側に存在するものではなく、人と人の間に存在するのです。そのため、多数派が入れ替わるだけでどんな人でも簡単に「障害者」になり得ます。

また、別の視点の疑問もご紹介しましょう。自閉世界における「定型発達」は今私たちが生活している社会の「定型発達」と発達の順番やタイミングがどのように異なっているのかという疑問です。このことに関して、二〇二一年に発表されたレビュー論文[*12]に、自閉スペクトラム者の言語発達に関する興味深い論考が述べられています。それは、幼児期に言語発達の遅れ、もしくは退行が見られるタイプの自閉スペクトラム児の言語発達の典型パターンに関するものです。そのパターンとは、最初の言葉はむしろ早く出るが、その後ラベル言語（コミュニケーションよりも自然物の分類のための言葉）やエコラリア（オウム返し）などを特徴とする見かけ上のプラトー（停滞期）が出現する。プラトーは八歳～一一歳まで続くが、その後急激な表出言語発達が出現し、その後統語的にも正しい言語能力を獲得するというものです。それはつまり、最終的に口頭言語能力を獲得するタイプの自閉スペクトラム者における典型的な言語発達過程が存在する可能性を示唆しています。

こういった研究知見をベースに考えると、自閉世界における言葉の「定型発達」は今の社会とはかなり異なったものであると予想することができるでしょう。私はこの発想のことを「自閉的定型発達」と呼んでいます。もし、幼児期における表出言語の停滞（のように見えている状態）が、多くの自閉スペクトラム児にとって「当然の発達段階」なのだとするならば、この時期の子どもたちの発語を恣意的に促すような関わりに一体なんの意味があるのかと疑いたくなります。この時期に「社会的刺激を用いた言語介入」を行うことは、自閉的定型発達の阻害要因である可能性すらあるのではないかと私は思っています。事実この論文では「言語回復への介入の効果に関するメタアナリシスでは、それが五歳以前のものであれ、それ以降のものであれ、これらの子どもたちの言語発達には最小限の影響しか与えないことが示されている」と述べられています。

5.「成熟した発達障害成人」を考える

「ニューロマイノリティ」がタイトルである本書の読者のみなさんにこんなことを言うのは野暮な話かもしれません。ですがあえて言わせていただくと、ニューロマイノリティな人たちへの支援や教育がなすべきことは、多数派の平均値である「定型発達」に、なんとか近づけようとすることでは決してありません。このことを理解したうえで支援や教育に携わっておられる方は、以前より

＊11　Komeda, H. (2015). Similarity hypothesis: understanding of others with autism spectrum disorders by individuals with autism spectrum disorders. *Front Hum Neurosci*, **9**, 124.

＊12　Mottron, L., Ostrolenk, A. & Gagnon, D. (2021). In Prototypical Autism, the Genetic Ability to Learn Language Is Triggered by Structured Information, Not Only by Exposure to Oral Language. *Genes (Basel)*, **12**(8), 1112.

ずいぶん増えたように思います。ですがもっと踏み込んで，「では何を目指して取り組めばいいのか」については，あまり明確に語られてこなかったのではないでしょうか。本稿で述べたような「成熟した発達障害成人」についての議論は，そういった状況に風穴を開ける視点であり，支援や教育における理解の解像度を飛躍的に高めてくれるものであるように思います。

自閉世界ですくすく育った自閉スペクトラムの子どもたちはどのように〝発達〟し，大人になったらいったいどんな人になるのでしょうか？　そしてどんな大人が「成熟した素晴らしい人」と評価されるのでしょうか？　もちろん，ADHDなどの他の「発達障害」についても同じように考えることが可能です。逆に言うならば，今の社会のあり方は彼ら，彼女らの「マイノリティ的定型発達」を阻害するような要因ばかりなのかもしれません。

私はずっとこの問いに取り憑かれています。そのことを考え続けないと，どうしても「（今の社会の）定型発達に近づけよう」とする発想の呪縛に囚われてしまいそうで怖いのです。最後までおつきあいいただきましたあなたにも，この問いを考え続ける仲間になっていただけることを心より願っております。

第2章

「普通」に囚われてしまった子育て

すぷりんと

「普通」とはいったい何でしょうか？

発達障害当事者（以下当事者）として現代日本に生きていると「普通」という言葉に悩むことは少なくありません。今、インターネットで調べてみたところ、「普通」とは「いつ、どこにでもあるような、ありふれたものであること。他と特に異なる性質を持ってはいないさま」という説明がありました。他と特に異なる性質を生まれもつ当事者にとってはこの「普通」というものがひどく遠く感じられますし、「普通」を理解しえないがゆえに悩み苦しむことが多々あります。しかし、それははたして当事者だけなのでしょうか。私は放課後等デイサービスという児童福祉施設にて、発達特性が環境と合っていないために家庭や学校などのシーンで困りを抱える子どもたちの支援を行っています。具体的には、ＡＢＡ（応用行動分析学）[*1]という理論に基づいて、子どもたち一人ひとりの特性に合った学び方で学習支援を行ったり、社会で生きていくうえで必要になる力であるソーシャルスキルを身につけられるように指導したりしています。このような仕事柄、多くの子どもたちと触れ合い、同じ数以上の保護者[*2]ともお話しする機会がありますが、どの保護者も「普通」とい

＊1　ＡＢＡ：「Applied Behavior Analysis」の略で、日本語では「応用行動分析学」と呼ばれる、アメリカの心理学者バラス・スキナーが創始した「行動分析学」の一領域。行動を分析し、法則を明らかにすることで、社会の中での問題となる行動を解決することを目的としており、教育や福祉、医療、企業、スポーツなどの分野で活用されて成果をあげている。

う概念と子どものあるがままの姿との間で板挟みになりながら支援を受けられています。「普通」に悩み苦しむのは当事者だけでなく保護者など周囲の人間も同様であるということです。私は、そういった保護者と、何より困っている子どもたちに対して、かつて彼らと同じ発達障害をもつ子どもであった現在発達障害をもつ大人として何ができるか考えながら日々支援を行っております。

この章では、当事者である私が、発達障害をもつ子どもたち[*3]への支援を通して感じた「普通」に対する違和感と子育てへの影響についてお伝えいたします。

1．「普通」とは

私が当事者として「普通」じゃない立場から「普通」を観察してきて感じたのは、「普通」とは「コストの削減」であるということです。衣服や飲食物など、さまざまなものの大きさの「普通」であるレギュラーサイズをはじめ、普通自動車、普通郵便、普通預金など、多数の人にあてはまり特段説明の必要がないため、さまざまな準備や説明を省略できてコストが削減できる。そのなかでもこの章で触れる「普通」というコスト削減は大きく分けて以下の二つ。一つが「コミュニケーションコストの削減」です。私も含め人が「普通」という言葉を口にするのは、おおむね自分や他人のなかに違いやズレを感じたときか、表現を省略するときです。たとえば「普通はこうするよね」とか「普通でいいよ、普通で」といった感じに。しかし、多様な価値観が認められ、どうにもコミユニケーションコストを省略しにくくなった現代において「普通」なんて存在するのでしょうか。

また、「自分より苦しんでいる人がいるからこんなの普通」「親ならこの程度の苦労は当たり前（普通）」「普通、障害者はこれこれこういうもので、君は全然普通に見える」といった、問題を矮小化したり、努力や苦労を透明化したり、対象の特性を無視するようなときにも「普通」という言葉は用いられます。これが二つ目の「普通」、「考えるコストの削減」です。こういった文脈での「普通」とはいったい誰が決めたのでしょうか？　日本国内で「普通」とされることのほとんどは海外では全くの非常識です。我々は「普通」という言葉を聞くとき、その裏に膨大な人数を想像して怖くなってしまうことがありますが、たいていの場合はごく限られた時代、文化圏で用いられる本当にローカルな話に過ぎないのです。たとえば今となってはどこに行っても通用しない「部活の途中で水を飲んではいけない」みたいに。

こういった「普通」という名のコストの削減は、多様性が求められる現代社会において「怠慢」と言い換えてもいいでしょう。これらの割を食うのはいつだってマイノリティ（＝「普通」ではない人々）です。マイノリティとして生きていると、「普通」こそが正義であり、それに合わせられ

＊２　業務に関する記述がある部分では「支援者」に対して「保護者」と表記するが、本章は親子関係に特に言及しているため基本表記は「親」とする。

＊３　放課後等デイサービスの利用条件として、障害の確定診断は必ずしも必要ではなく、医師の意見書で受給者証が発行されることもあるため、厳密には未診断の子どもも支援対象であるが、便宜上この表現を採用する。

ない者は悪であるとでも言わんばかりの圧力すら感じます。その結果、ただ肩身が狭いというだけではなく、「普通」でなければならないという規範意識を内面化しすぎて障害者である自分の存在価値を認められず、毎日自己否定しながら生きている当事者も多いです。また、人間の業というのは深いもので、こういった圧力に継続的にさらされているためか、障害者同士でも「いかに自分のほうがつらく大変か（＝いかに自分が「普通」ではないかの証明）」という不毛な逆マウント合戦や、過度な内面化によって「我々障害者は迷惑な存在であり、幸せになることなど不可能なのだから、子どもなどつくらず速やかに社会から消え去るべきである」と同じ障害者に思想を押し付けるような言動がしばしば見受けられます。つまり、それは「普通」からズレてしまった分だけ苦しみが大きいはずだという考え方です。しかし、本来は障害が重度か軽度か、そもそも診断の有無や恵まれた環境にいるか否かは、当事者やその周囲の方の苦しみのモノサシには全くなり得ないはずです。そしてそれは、当事者だけではなく、当事者が時に「普通の人たち」と抽象化してしまう定型発達者にも言えるのではないでしょうか。普通からのズレが苦しみなのだとすれば、定型発達者は苦しんでいないことになってしまう。これは、支援の現場にいるとよく聞く話なのですが、当事者への合理的配慮に「障害者ばっかり優遇されてズルい」という声が上がるのです。どうしてそのような声が上がるのかを考えれば、彼らも苦しい状況にあり助けを求めていることが容易に想像できるでしょう。助けが足りているなら「ズルい」という発想にはならないはずです。つまり、定型発達者の苦しみまでもが「普通」という言葉によって透明化されているのです。そう考えると、誰も幸せにならない「普通」を追い求めること自体が間違いのように思えてきます。「普通」という時代遅れの枠を撤廃してもっと自由に個人を見ることはできないのだろうかと考えずにはいられません。

2. どうして「普通」になろうとするのか？

では、どうして我々は「普通」などという時間や場所でころころ変わる存在の不確かな言葉を時に重用してしまったり、時に意識しすぎて苦しめられてしまったりするのでしょうか。その理由の一つとして、現代社会にはイレギュラーを許容する余裕がないということが挙げられます。昭和や平成の時代より確実に「多様性」という言葉が認められた令和の現代ですが、実態が伴っているとは到底言えるものではないでしょう。緊急事態宣言によるリモート授業で救われた不登校児に対して、宣言解除とともにオンライン環境が整っているにもかかわらず登校を促すためとリモート授業が打ち切られてしまったり、特性の説明を十全に行い両者合意のうえで通常級での受け入れ入学や入園をしたのに、支援級への勝手な変更や入園拒否の手のひら返しをされてしまったり、待合室でのノイズキャンセリングイヤホン使用で面接失格、頭髪校則問題、例を挙げればきりがありません。このように、表面上では「多様性のある社会」を推奨しながら、「面接に本当に自由な服装で来ることは空気が読めていない」などとするイレギュラー排除型のコストカット社会で排除されないためには、「普通」をみんなが必死に装わざるを得ないのです。こうした現代社会で、ことさら周囲の無理解と厳しい目にさらされるのが子をもつ親、特に障害のある子をもつ親です。

親が最初に意識する「普通」の最たるものは「成長曲線」ではないでしょうか。身長や体重の成長度合いが他の子どもたちと比較してどうか数値で突きつけられるため、親としては「体重の増加が遅いしもっとミルクの頻度を上げないとダメなのだろうか？」「何か病気や障害があるのではないか？」と心配になって、毎日一喜一憂した方も少なくないはずですし、ママ友パパ友、時には親類縁者やパートナーから「大丈夫なの？」と不安を煽られ眠れない夜を過ごすこともあるでしょう。また、子どもが少し成長してからも周囲からかけられる声は「親である以上、子どもから片時も目を離してはダメ。かといって、ハーネスは子どもをペット扱いしているようだからダメ」「子どもには最低限の社会生活スキルを身につけさせなきゃダメ。かといって般化[*4]のために切符売り場で他人を待たせてまで練習するのはダメ」など。無理解と不寛容のオンパレードですね。彼らは直接自分に甚大なデメリットがあるわけでもないのに、どうしてこんなにも攻撃的なのでしょうか。まるで、自分は魔女（異常）ではないことを示すために他人を魔女（異常）として売り飛ばして叩く魔女狩り社会のようだなと感じます。誰も彼もが「普通」という言葉や状態に異常な執着を見せている。

こういった社会で子育てをしていて親が消耗しないわけがない。常に二律背反を強いてくる社会からの厳しい風当たりを一身に受けた親が、将来この子がこの風に攻撃されないようにと子に厳しく当たってしまうのも、親も人間であることを考えれば無理のない話でしょう。表では「子どもの多様性を尊重しなさい、子どもの人権を守りなさい」と言いながら、裏では「ちゃんとしつけなさい」と言ってくるのですから、子育ての主体である親はむしろ多様性でタスクが増えたとすら言える。こうしてタスクが増え余裕がなくなった親が、自身と子どものために「普通」を求めることを誰が責められましょう。また、そういった社会からの圧力とも言える余裕のなさの受け手である子どもたちに着目すると、なにも親からだけ影響を受けて生きているわけではなく、学校や友達など子どもには子どもの社会があり、それらから複合的に影響を受けていることに気づきます。当然、そこには我々支援者も含まれます。

3. 伝搬する圧力

子どもたちが社会からの圧力を受けてどのような困りを感じているのかについて、イメージしやすいように私の仕事とプライベートでの活動の経験を複合させて匿名性を担保したうえで二つのケースを紹介いたします。

＊4 **般化**：療育などの調整された環境だけではなく、一般社会で獲得したスキルを発揮できるようにする・なること。

●嘘をつくAくん

中学校一年生のAくんは、うまく自分の正直な気持ちをお母さんに伝えることができず、つい嘘をついてしまいます。通所している施設で自由に使えるｉＰａｄでＹｏｕＴｕｂｅの電車の動画を見ることが大好きなAくんですが、いつもお母さんが迎えに来て「ずっと見てたんじゃないでしょうね」と聞かれると、つい短めの時間を申告してしまいます。そのくらいは誰だってあると思われるかもしれませんが、Aくんは学校での困りごともお母さんにはうまくお話しできていないようです。また、お母さんが来るまでのAくんは施設の先生に対して、「その形のマスクは感染予防効果が低いとニュースで言っていた。もっとちゃんとしたのをつけて」「あの先生はこの前僕を見て怖い顔をしたから話したくない」などたくさん考えていることを話してくれるのに、お母さんが来る時間が近づくと「さっきの話はお母さんにはしないで」と言ったり、苦手と言っていた先生にあえて話しかけて見せたりします。当然、お母さんもそれらには気づいているのですが、Aくんを責めることはせず知らないふりを貫いています。というのも、Aくんのお母さんはペアレントトレーニング[*5]（ペアトレ）を受講したことがあり、それまでは行き過ぎた叱責をすることもあったとのことでしたが、今は家庭でも徹底して叱責ではなく注意と解決策の提案に努めているとのことで、知らないふりをするというのも施設職員との合意のうえでなされた怒らない対策なのです。しかし、それでもAくんはお母さんに会うと「僕怒られることとしてない？　怒らない？」とひどく不安そうに尋ねます。お母さんの顔色をうかがうこの様子だけ見ていると、「やはり家ではまだ強く叱責されているのではないか？」との可能性も考えられるでしょうが、実態はそうではありませんでした。Aくんへの繰り返しのヒアリングとアセスメントで判明したのは、彼が不安がっているのは自分が怒られることそのものではなく、自分を怒るときにお母さんがつらそうな表情をするので心配だったからというものでした。つまり、Aくんの行動の理屈としては、お母さんはペアトレを受けて怒らなくなったが、つらそうな顔は以前にも増して見るようになった。「お母さんを不安にさせないためにも、僕はいい子でなくてはいけないのだ」というもの。だから、お母さんが怒らなくなっても、依然として嘘をつき続けていたようです。これはその後のお母さんへのヒアリングで判明したことですが、ペアトレ以前は叱ることで「ちゃんとした母ではなくとも、ちゃんとした母を目指して頑張る」ができている実感があったそうですが、ペアトレにて「叱る」を封じられたことで、イメージするちゃんとした母から遠のくばかりで、以前よりも不安を感じるようになった模様です。

このケースでは、お母さんが社会から受けている圧力の正体を探らないまま、解決策のみペアトレで提示してしまったことが問題の悪化につながったと言えるでしょう。このように支援であるはずのペアトレも、運用次第では親子を追い詰める社会からの圧力になり得るのです。

＊5　**ペアレントトレーニング**：家庭でも実践できる療育的関わりを保護者が学ぶことで療育の効果を維持および最大化させたり、家族の日常生活での困り感を軽減したりするためのプログラム。

●褒められたいBちゃん

小学校二年生のBちゃんは、とても頑張り屋さんで学校でも通所している施設でもついついお姉さん役をして、いろんなことをお友達に注意してしまいます。たとえば、授業中に先生の話を静かに聞けていないお友達に「静かにしなきゃダメなんだよ」と離席して注意しに行ったり、駅でエスカレーターを駆け上がる大人を引き留めて「走っちゃダメなんだよ」と注意したり。そんな様子を見てご両親ともにヒヤヒヤしていました。これらの行動は注目要求の一つと考えた施設の先生は、授業中にBちゃんにルール係を任せて、「ルールを忘れた子がいたら優しく教えてあげてね」と適切な範囲でお姉さん役をして褒められる体験を積み重ねる方法をとりました。ご両親にも同様にBちゃんの行いの正しさに対しては褒めつつ「駅でルール違反をすることはよくないが、駅では駅員さんがルール係だから、駅員さんに伝えれば十分だよ」と伝えるように促しました。これにより注意する癖は落ち着きを見せたのですが、すぐに新たな課題が出てきました。それは、宿題でもテストでも、一問でもバツをつけられると手がつけられないほど大泣きしてしまうというものです。ご両親も、施設の先生も、学校の先生も「間違いは誰にでもあるし、それを見つけるために採点しているんだよ」と伝えますが、なかなか納得はできない様子。暫定的に、採点はせず、問題を一緒に解いて間違える前にうまく誘導するという手法をとることに。この件も含めてご両親と何度も面談を重ねたところ、施設の先生はお父さんから「本当はもっと褒めてあげたいのにうまく褒められず、注意ばかりしてしまう。あの子の注意癖もきっと私のがうつってしまったのでしょう。ふがいない」と悩みを打ち明けてもらうことができました。しかし、施設の先生や学校の先生が見る限りでも、お母さんから話を聞く限りでも、お父さんはBちゃんをよく褒め適切に接することができているようにしか見えません。つまり、誰よりもお父さんがお父さん自身に厳しかったのです。その背景には仕事が忙しいことなどが隠れている様子でした。そこで一計を案じた先生とお母さんは、Bちゃんとお父さんとお母さんで一日の終わりにお互いを褒め合ってお礼を言い合う習慣をつくることにしました。これが功を奏したのか、お父さんが徐々に自己肯定感を回復させると同時に、Bちゃんも完璧にはこだわらなくなっていきました。

このケースでは、最初の注意の課題が発生した段階で、「誰が注目してほしいという欲求の主体であるのか？」の見極めが不十分であったことと、Bちゃんがお父さんの「自分に過度に厳しい姿勢」に影響を受けていたことが原因でした。ですが、これでBちゃんの問題が全て解決したわけではありません。長い目で見るなら、お父さんの自己肯定感の回復継続も次の課題であると言えるでしょう。そうです、子どもの支援をするということは時にご両親や同居家族を含めた全体への支援を考えなくてはならないということなのです。

これら二つのケースはどちらも、親が社会からの見えない圧力を受けており、その様子をつぶさに感じた子どもたちが行動問題を起こすという構造が隠れていました。子どもが影響を受ける主体は親だけではないうえに、親から受ける影響すらも親だけのものではなく親を通して社会の影響を受けていると言えるのです。ではこのような場合、大人には何ができるでしょうか。まず第一に、子どもたちをよく見ること。一人ひとりの違いを受け入れるということ。発達障害をもつ子どもたちとの日々はとてもユニークで困惑することが多いですが、それは我々大人のなかに「普通はこうである」という型ができてしまっているからです。大人が型に囚われていることを子どもたちはつぶさに感じ取ります。だからこそ、一度型を脇に置き、子どもたちの違いを受け入れることが必要だと言えるでしょう。

4．失敗する権利

違いを受け入れると一言で言ってしまうのは簡単ですが、実際には専門知識を学んだ支援者でさえ非常に難しい時があります。私が支援者として具体的に気をつけていることは【失敗する権利を保障する】ということです。

私自身が当事者として子ども時代を振り返ると、家族や先生など周囲の大人にとてもよくサポートをしてもらっていたと思います。しかし、それは言い換えると自己決定の機会を与えられていなかったとも言えるのです。たとえば、私は小学校六年間、翌日分の教科書をランドセルに自分でつめたことがほぼありません。全て母がしてくれていました。そのため、翌日の手荷物の準備をする練習と失敗して忘れ物をするという経験は、少なくともランドセルについてはできませんでした。

しかし、私が伝えたいことは過保護な親は子どもをダメにするということではありません。たとえ、ランドセルの準備を親に手伝ってもらおうが、子どもはどこかの段階でいずれ翌日の手荷物の準備のスキルを獲得するでしょう。かくいう私もこうして社会人をできているのですから。ただ、発達障害をもつお子さんは般化が難しく、あるスキルを習得するまでに通常よりもたくさんの練習と失敗を要することが多いことも確かです。だからこそ、親は繰り返される失敗に疲れ果て、ついつい手を貸しすぎてしまいます。また、「失敗体験が多すぎると子どもは自己肯定感を損なうから失敗は経験させないほうがよいのではないか？」という考えも手を貸しすぎる要因の一つでしょう。この「失敗体験が自己肯定感を損なわせる」はよく言われますが、正確にはＮＯであると私は考えます。子どもになんの事前準備も環境調整も施していない条件で、むやみやたらに失敗体験を味わわせるのは学習性無力感を募らせるだけなので当然自己肯定感が損なわれてしまいますが、子どもが成功するか失敗するかは本人次第の程よい調整を行った環境で、事前に失敗するかもしれないことや、失敗しても対処が可能であることを伝えたうえでの挑戦に基づく失敗ではその効果も意味も全く異なるからです。さらに、失敗を経験に変えられるかどうかの最も重要な境目は、失敗後のアフターケアです。子どもが失敗したときに、くやしさに寄り添い気持ちを落ち着け、どうして失敗したのか一緒に考え、決して答えを教えることなく、しかしヒントは提示して対策をともに練り、次の挑戦をしてもいいかもという心持ちに導く。こういったアフターケアが失敗においては非常に大事なのです。自分の特性を、ひいては自分自身を、「普通」という型からズレているネガティブなものとしてとらえるか、特性ゆえに失敗が誘発されてもそれはあくまで失敗でしかなく、自分の存在がネガティブなわけではないとニュートラルな目線で自分を見られるかは、子ども時代にこの「失敗する権利」を担保されたか否かで大きく変わってくるでしょう。支援者として働いていると、小学生のときの私のように発達障害をもつ子どもたちはご両親から過度な干渉を受けているケースが多く見られ、適切な失敗経験を積めているとは言い難いです。しかしそれは仕方がない側面が大きいです。子どもにまつわる主だった責任を問われてしまうのはいつだって親のみですし、子どもの一挙手一投足が家族の問題として見られるドメスティックな関係において、「冷静に」や「客観的に」がいかに不可能なことかは支援を生業とするものとして心得ているつもりです。

そして、子どもが大切だからこそ見守るのは難しい。では、ここで考えてみてほしいのですが、親が子どもについ手を貸してしまうのは、子どもの能力が不十分だからでしょうか？　いいえ、子どもの能力はいつだって未発達で不十分です。そこを咎めては子育てはできないでしょう。では、なぜ手を貸さざるを得ないのか？　それは、周囲の環境が子どもの失敗すら許容できないほど不十分で整っていないからです。もし、学校の先生が忘れ物に対して親に「お母さんがもっとしっかり見てあげてください」と丸投げする社会でなければ、母はランドセルの準備を六年間もせずに済んだかもしれません。もし、先生に過剰なタスクがなく余裕があれば、採点中に見つけた字の乱れについて生徒を叱責するのではなく、余暇で学んだ知識からＬＤの可能性に気づけたかもしれません。子どもに安心して失敗させてあげられない社会では、失敗しないことこそが美徳とされ、失敗を過剰に恐れる子どもが育ちます。

もう一つ考えてみてほしいのは、どうして失敗する権利を担保する責任が親にのみあると言えるのでしょう。学校の先生は？　習い事の先生は？　我々支援者は？　地域で関わる大人たちは？　第2節のたとえ話のような、切符売り場でもたつく子どもを見て舌打ちする大人は失敗する権利を侵害していると言えないのでしょうか？

先ほど「子どもに安心して失敗させてあげられない社会では、失敗しないことこそが美徳とされ、失敗を過剰に恐れる子どもが育ちます」と書きましたが、これは子どもだけでなく、子どもに関与する大人にも言えることです。子育ては決して失敗が許されない、子どもの失敗は親の責任、常に正しく模範的な行動をとらなければならない。こんな息苦しい環境で子育てをしていては子どもの失敗、ひいては親である自分の失敗は恐怖でしかないでしょう。親という存在に多くが求められすぎていると感じます。親も先生も子どもと関わる大人たちはみんな一人の人間であり、失敗することだってあるはずです。なのに、現代社会ではあらゆる責任が親にのみ収束されている。親にこそ失敗する権利が担保されていてしかるべきですし、そうして初めて親も子に失敗する権利を認めることができるようになるのではないでしょうか。過保護な親が子どもをダメにするのではありません。親が過保護にならざるを得ない、親に責任を丸投げする社会が、子どもたちの失敗から学ぶ機会を、余裕を奪っているのです。

5．凸凹があることは障害なのか？

私は、発達障害をもつ子どもたちの支援をする支援者であると同時に、発達障害当事者でもあります。この節では、当事者として私が発達障害というものについてどのように考えているかをお伝えします。

発達障害はその特質上、よく「発達凸凹」とも称されます。では、凸凹があることは障害なのでしょうか？　障害について定義するとき「個人モデル」と「社会モデル」の二つの考え方が存在します。「個人モデル」とは、障害者が困難に直面するのは「その人に障害があるから」であり、克服するのはその人（と家族）の責任だとする考え方です。それに対して「社会モデル」は、「社会こそが障害（障壁）」をつくっており、それを取り除くのは社会の責務だとする考え方です。端的に言うと、障害は個人に内在するものか、外在するものかということです。以前は、障害について話されるときは個人モデルであることが多く、差別が横行していましたが、近年は社会モデルの考え方へと移り変わってきて、差別にも問題意識が向けられるようになってきました。

発達障害者支援法によると、発達障害は「自閉症、アスペルガー症候群その他の広汎性発達障害、学習障害、注意欠陥多動性障害その他これに類する脳機能の障害であってその症状が通常低年齢において発現するもの」（第二条第一項）とされ、発達障害者は「発達障害がある者であって発達障害及び社会的障壁により日常生活又は社会生活に制限を受けるもの」（第二条第二項）とされています。

二〇一六年の改正で、「社会的障壁により」の文言が追記され、社会モデルの概念が発達障害にも導入されました。

こういった名前のある障害を「発達凸凹」と通称する現状に対して私は、暑がり・寒がりといった感覚特性や、継次処理・同時処理脳といった認知特性も含めた、障害の有無にかかわらず誰もがもつ脳の多様性を「発達凸凹」と定義します。そして、「発達凸凹」と「環境」とが、ミスマッチを起こした際の「相互作用」が発達障害であると考えています。つまり、たとえ発達凸凹が大きくとも環境がマッチしているなら発達障害状態ではなく、発達凸凹が小さくとも環境がマッチしていなければ発達障害状態である。発達凸凹の大きさで発達障害か否かを分けるのではなく、マッチしているか否かで分けるということです。

社会では、より多くの人にマッチしやすい環境が一般枠として用意されているため、ピッタリという方はほとんどおらず、大概は柔軟性をもって各々の発達凸凹を枠に合わせて生きています。しかし、時々特異な発達凸凹をもつがゆえにどの枠にも合わせることが非常に困難な方がいます。こういったミスマッチを起こしやすい（発達障害状態になりやすい）方が発達障害者と呼ばれるのではないでしょうか。

では、発達障害者にピッタリな環境を提供しない社会だけに責任があるのかというと私はそうは思いません。発達障害をミスマッチと定義するならば、両者を考えるべきです。これは、障害に対処する責任が個人（個人モデル）でも、社会（社会モデル）でもなく、双方に存在するという「双方モデル」とも呼べる考え方です。

私が発達障害を考える際に双方モデルを推奨するのは、発達障害がその他の障害と比べて一括対処が不可能に近い多様性の障害であることに起因します。発達障害は相互作用であるため、同じ発達障害者同士でも、どんな凸凹をもち、どんな環境にいるかで、どこに困りを感じるかは千差万別であること。目が見えない、手足がないといった外部障害と違って見た目にはわかりづらいこと。さらに、発達障害者特有の感覚過敏や、思考パターンなどがあるため、支援や配慮をする側には想像力と専門知識が求められます。こういった見えざる壁が発達障害者支援を遅らせる大きな要因です。このような事態を打破するためには、発達障害者側が「自身の発達凸凹を理解し、適切な環境を自ら選んだり、支援や配慮を要求する」ことが必要となってきます。

つまり、発達障害者側は環境を選び、情報を提供する。社会側はそれに応じて支援や配慮を提供する。そして、双方が共に発達障害という脳の不思議を研究し立ち向かう責任を負うということです。

さて、定型発達者（健常者）と発達障害者の間には明確な境目などなく、凸凹の形と今いる環境がマッチしているか否かの違いでしかないという考えを述べてきましたが、ここで初めの問いかけである「凸凹があることは障害なのか？」に立ち返ると、一つの疑問がでてきます。それは、「発達障害がミスマッチによるものなら、どの程度のミスマッチまで支援や配慮が必要なの？」というものです。これには、ここまで考えてきた多様性という横の軸ではなく、障害の重さという縦の軸を新たに定義する必要があります。発達障害における障害の重さとは凸凹の特異さや選べる環境（選択肢）の少なさに他なりません。ここで凸凹の特異さを「視力」に置き換えて考えてみましょう。

視力〇・〇～二・〇の人を考えたとき、全盲および弱視の人（矯正視力が〇・三未満）、目の悪い人（一・〇未満）、目のいい人（一・〇以上二・〇以下）と数値によって大雑把に分けることができ、各々の数値に従って点字や音声案内サービスなどの支援、眼鏡や座席位置の配慮といったものが提供可能です。ところが、もし視力が計測不可能だったとしたらどうなるでしょうか？ 視力はグラデーションのように変化するため、どこから支援や配慮を提供するかは、個人の主張を頼りにするほかありません。発達障害も同じくグラデーションであるうえ、視力とは違い「凸凹の特異さ」はより複雑な概念であるため現状数値化できていませんし、求められる能力が時代や環境によって変化する以上、たとえ数値化できたところで普遍的な指標たり得ないでしょう（発達障害の診断に使われる知能検査などは凸凹のほんの一部を数値化するものにすぎません）。そのため、発達障害者に対する支援や配慮もこの「もし……」と同じ状態なのです。

さらに、発達障害においては、眼鏡や点字ブロックのような支援アイテムや設備も、「視力の低い人には前の席を提供する」といった知識も広まっていないため、取り得る選択肢の幅が非常に狭く、ほんの些細な支援や配慮さえあれば問題ない層まで発達障害グレーゾーンと呼ばれ、本来よりも重度のような困難さを味わっています。眼鏡が製造されていない国では視力が〇・六の人でも生きづらいのです。

つまり、「どこで支援や配慮の線引きをするか？」と問われれば「各自で判断するしかなく、提供できる支援リソースや配慮知識が不十分であるため、その判断も混迷を極める」ということになります。だからこそ、この問題に対しても「双方モデル」で考える必要があります。配慮する側ばかりが頭を悩ませるのではなく、発達障害者側と共に協議して決めることが重要なのです。それこそが障害者権利条約で定められている「私たちのことを、私たち抜きに決めないで（Nothing about us without us)」にも通ずる支援のあるべき形だと言えるでしょう。

ここまでを総括すると、発達凸凹と環境がマッチしてさえいれば障害をある程度克服することは可能だが、「凸凹の特異さ」が計測不能で、「選べる選択肢」も少ない現状では、適切な支援や配慮を適切に配分することは難しく、発達障害者側も社会側も個人の努力に依存するところが大きいのです。そのため、「特異な凸凹があること」は重度でなくとも障害であると言わざるを得ないという結論になります。

しかし、当然ですがこのまま障害にしておいていいとは思いません。上記のように、発達障害者側は環境を選ぶことでミスマッチの総量を減らし、情報を提供することで過不足ない支援や配慮を得ること、社会側は発達障害者側の意見に耳を傾け、支援リソースを増やし配慮知識を広めること、そして共に互いの脳の不思議を研究することで壁を崩すことができると考えています。【わたしとあなたの間にある壁の名前】、それが私の考える発達障害です。

ただ、この「双方モデル」は、こと大人の成熟した当事者のみに言える話でしょう。子どもに「あなたはどんな特性か自己認知して、自分に合う環境を選びなさい」というのは無茶が過ぎるというものです。そして、ここまで何度も申し上げてきたように、親にそれを一任するのも同様に残酷で無責任なことと言えるでしょう。

6．子育て支援は親支援から

前節で触れたような、「双方モデル」における情報提供であり、障害者や困難のある人が自分の利益や欲求、意思、権利を自ら主張することをセルフアドボカシーと言います。ただ、先述の通り言語能力や自身の気持ちの認識能力の未発達な子どもだけではセルフアドボカシーは難しいでしょう。だから周囲の大人がより目を凝らし耳を澄ませる必要があります。他にも、子育てでは子どもの将来に関わる膨大な数の責任の重い選択が毎日襲ってくるにもかかわらず、多くの場合で、その責任は主に親のみに求められてしまいます。その親を誰が支えるのでしょうか？　親の責任を分担する存在の不在。社会から子育てに関する当事者性が失われつつある。これが最も大きな現代社会の課題と言えるでしょう。

では、今までは誰が親の責任を分担していたのでしょうか？　端的に言うと地域社会でしょう。ここで地域社会や家父長制の崩壊とその歴史的背景による変化を語ると長いでしょうし、その知識を私は持ち合わせていませんので割愛しますが、一つ確実に言えることは「子どもも子育てする親もいまやマイノリティである」ということです。特に、障害のあるお子さんとその親御さんは、マイノリティ・オブ・マイノリティと言えるでしょう。

支援をしているとよく感じることですが、子どもは親の精神状態の影響をもろに受けていることが多いです。よって、時に主たる支援対象である子どもたちにアプローチするよりも、その保護者にアプローチするほうがより効果的なことがあります。しかし、我々支援者は保護者のカウンセラーではありませんし、保護者も家庭の事情に支援者が分け入ってくることを快くは思わないでしょう。歯がゆいことですが手を出せる範囲には非常に限りがあります。だからこそ、社会資源がうまく親の負担を軽減するように投入されることを願ってやみません。ただ、支援とはお金だけだとも言い切れないのではないでしょうか。令和五年度の障害保健福祉部予算案によると発達障害児・発達障害者の支援施策の推進には八・一億円の予算が割かれる予定となっています。[*6] これに対して金額が少ないとか、適切な割り振りがされていないとか、そういった目線も当然あるでしょう。一方で、直接的な支援金はここまでに触れてきた社会からの圧力には無力です。お金が心の余裕を生むこともあるでしょうが、障害のあるお子さんとその親御さんをマイノリティ・オブ・マイノリティとするのなら、別のアプローチもあると考えます。

それはつまり、大人の当事者がしていることと同じことです。今までは、子どもの当事者のみが注目されて、親子というパッケージそのものがマイノリティであるという視点が欠けていました。

であれば、「大人の発達障害」に対して社会がしているアプローチが同様に有効なのではないでしょうか。具体的には「自助会活動」と「啓発活動」です。

まず、自助会活動について。先述の通り、マイノリティである親に寄り添える存在として支援者では不十分な側面があると言わざるを得ません。同じ経験をした者同士でしかわかり合えない痛み、寄り添えない痛みがあると思います。だから、子育て当事者同士が話し合える自助会コミュニティの形成を支援するという形で我々支援者や社会は親御さんたちをサポートできるのではないでしょうか。親同士の出会いの場、話し合いの場の提供、その余暇時間を生み出すための子ども預かりサービスなどの支援。

そして、次に啓発活動。自助会活動で得られた親が真に求める支援の情報や、親の置かれた状況の一次情報の拡散。ただ「子育てをしている親は大変だからみんなで助け合いましょう」などとアナウンスするのではなく、現代社会で子をもつということがどういうことなのかを、美化もせず悪くも見せず、ただ知識として伝え啓発する。差別は無知より生まれ出でるなら、知識は相互扶助の精神を自然な形で養うはずです。

ただ、これらの策を実行に移すためには何より子育て当事者である親御さんたちの協力が必要不

＊6　障害保健福祉関係予算については、以下のＱＲコード参照。

可欠です。そのためにも、親御さんにはこの章で繰り返し語ってきた社会からの圧力という意味での「普通」を手放してもらう必要があります。子どもが友達と遊ばない、学校へ行かない、人と違うことに興味をもつ。そういった、子どもの普通でないところを怖がらずにただまっすぐに見つめてあげること。社会生活をこれまで営んできて普通にどっぷりつかった大人ほど難しく、とても勇気のいることではありますが、何度も言うようにそれを一人でする必要はないのです。私たちと一緒にしましょう。親が「普通」に呪われている限り、子はその呪縛から逃れられません。そのために、親が孤立しない、「完璧＝普通」で自分を縛り付けない社会の醸成を、自助会活動や啓発活動のような、形のない支援で実現していくことが重要なのです。

7．透明な教科書

私は二五歳で診断を受けるまで、自分が発達障害者であると知らずに生きてきました。幼少期より自分にだけは理解できない「普通」「空気」という言葉がひどく恐ろしく、状況や立場によって同じ人でも言ってることがころころ変わったり、合わせられない自分を責めてくる周囲がとても怖かった。同時に「どうして自分はうまくできないのだろう？」と何度も答えのない問いで自分を責め立てました。子どもの頃の私はそれらの違和感について「きっと、『僕には見えない教科書』がみんなには配られているんだ……」と考えていました。診断を受けたとき、ついに私の見えない教科書に『発達障害』というタイトルが付けられたのです。しかし、このような心理状態で幼少期を過ごすなんて健康的なわけがないですし、こんな痛みはもう誰にも味わってほしくなどありません。

だからこそ、私は今後も支援を通じて、社会の「普通」のみを是とする考え方を変えようと闘っていくつもりですし、「失敗する権利」「子育て支援は親支援から」「双方モデル」の考え方を伝え実践していこうと思います。本書を手に取ってここまで読んでいただいた皆さまにも、何か残るものがあればうれしいです。

第3章

精神科医にとっての発達障害とニューロダイバーシティ

柏　淳

私は普段「ハートクリニック横浜」[*1]で院長を務めている精神科医です。専門に診ているのは、大人の発達障害です。当院のホームページで「横浜院長のひとりごと」と題するブログ連載をしているのですが、今回はこの企画に誘われたのをいいことに、その一部記事を再編集しまして、発達障害とニューロダイバーシティに関する理解の促進に寄与できればと考えている次第です。やわらかい書き味でいきますので、みなさんどうか気楽におつきあいいただければと存じます。

1．当院の精神科医は発達障害をどうやって診断しているか

ここのところ私の新患枠は、主に大人の方からの「発達障害の診断をつけてほしい」というご依頼で埋まってしまう状況となっています。そのなかで最近特に増えているのが、「発達障害の検査をしてほしい」というご依頼です。どうも、何か心理検査をすると発達障害かどうかバシッとわかる、と思われている方が多いように感じているのですが、そうではありません。

大人の発達障害の臨床現場では、自閉スペクトラム症（ＡＳＤ）と注意欠如多動症（ＡＤＨＤ）

＊1　**ハートクリニック横浜**：神奈川県横浜市西区にある、心療内科。

がそのほとんどを占めます。そのどちらにせよ、発達障害はいろいろな角度から総合的に検討を重ね、最終的にはアメリカ精神医学会の診断基準、ＤＳＭ（Diagnostic and Statistical Manual of Mental Disorders；最新版はＤＳＭ－５－ＴＲ）[＊2]に従って診断を行います。ＷＡＩＳ－Ⅳ[＊3]などの複雑心理検査を行う場合もありますが、それはあくまでも診断の参考の一つとして行うに過ぎません。心理検査よりも、幼少期の情報のほうがずっと大切です。

発達障害は本来、子どもの頃にその特性が明らかとなるものです。周産期の情報、小さい頃どんな子どもだったか、小中学校での様子はどうだったか、こうした情報が一番大切なのです。お母様なり、お父様なり、幼少期の実際の様子を知っている方に一緒にご来院いただくこと、母子健康手帳や通知表、幼稚園の頃の記録などをお持ちいただくこと。こうしたことをぜひお願いしたいと思います。現在の困りごとについても、ご本人には問題点がきちんとつかめていない場合も多く、それに気づかれているご家族、ご友人、職場の方々も一緒にご来院いただけますと診療がよりスムーズとなります。

自閉スペクトラム症の「スペクトラム」とは、虹の七色のように連続して分布しているもののことを指します。数で言えば大多数を占める定型発達の方（発達障害ではない発達の仕方をした方）から典型的な自閉症の方まで、発達の色の薄い方から濃い方まで、連続的に分布しており、そのうち診断基準を満たした方をＡＳＤと診断するのです。そうなると、発達障害（この場合ＡＳＤ）らしいがその色の薄い方（自閉度の低い方）については診断がなかなか難しく、慎重な検討が必要となります。診断がつくまでしばらく通っていただき、多面的検討を重ねる必要がある場合もあることをご了解いただきたいと思います。

成人発達障害専門外来を設けている烏山病院[*4]でも、来院者のうち発達障害の診断に至る方は約半数とのことです。[*5]当院の場合、支援機関からの紹介が多いこともあって診断のつく割合はより高いですが、それでも統合失調症、社交不安症、心的外傷後ストレス症など発達障害以外の診断に至る方も少なくありません。

「発達障害の検査をしてほしい」という方が希望される検査は前述のWAIS-Ⅳです。しかし、これは知能検査でして、本来発達障害の診断のために施行するものではありません。WAIS-Ⅳは知的機能や認知機能の凸凹具合を見ることで何が得意で何が苦手かを評価するもので、私は診断のためではなく、その後の支援のために行う検査だと考えています。検査を行う心理士のキャパシ

＊2　American Psychiatric Association, 髙橋三郎・大野裕（監訳）『DSM-5-TR 精神疾患の診断・統計マニュアル』医学書院、二〇二三年。

＊3　**WAIS-Ⅳ**：Wechsler Adult Intelligence Scale 第四版。本来は知能検査だが、発達障害の臨床では知的機能・認知機能の凸凹をみるためによく行われる。

＊4　**昭和大学附属烏山病院**：東京都世田谷区にある医療機関。昭和大学が設置している八つの附属病院の一つであり、主に精神科医療を扱う専門病院。

＊5　加藤進昌「成人の発達障害専門外来とリハビリテーション（平成二五年度東京都発達障害者支援体制整備推進事業シンポジウム報告書）」二〇一四年、六頁。

＊4

ティの問題もあり、当院では支援の方向性を決めるために必要な場合に限って実施しています。

2．発達障害は脳波でわからない

二〇二二年七月に、元芸能人の木下優樹菜さんがYouTubeでADHDであることを告白しました。[*6] 著名人が自らの発達障害なり精神障害なりを告白することは、特性や病気への偏見を減らし、世間の理解を深める可能性がある点で意義があることだと思います。

ただ、この木下さんのSNSでの発信がもとで、発達障害に関して間違った知見が広まることに危惧を感じました。一番の問題は、木下さんがYouTube内で語っている診断のされ方にあります。彼女の取り出した資料には、脳波検査だという色つきの図が出てきて、彼女の説明によると脳のここが働いていないとかなんとか……。なんだか、一見もっともらしい検査結果とかが出てくると、専門でない方にとっては、それは素晴らしい客観的な検査結果に見えてしまうのでしょう。

しかし、実のところ脳波検査で発達障害の診断ができる、ということは世界中のどこの国の診断ガイドラインにも書いてありませんし、どこの学会もそういった表明はしておりません。PubMed[*7]で調べると、ADHDやASDで脳波を使った研究は多数行われていることがわかります。しかし、いずれもあくまでも研究レベルです。実際に臨床検査として診断のために使われるためには、十分な検証を経て最終的には厚生労働省のお墨付きが必要ですが、とてもその域には達しておりません。

脳波検査は脳機能を調べるための大切な検査ですが、臨床場面で使われるのはてんかんなどの発作性疾患の鑑別、器質性脳疾患や脳機能低下の評価、睡眠の評価などに限られます。発達障害でも脳波検査を行うことはありますが、それはてんかん（とくに自閉症では合併率が高い）や器質性脳疾患を除外するために行うのであって、発達障害そのものの診断や評価のためではありません。

大人の発達障害の診断は、それは地道な作業です。われわれはＤＳＭに則って診断を行いますが、ＡＳＤ、ＡＤＨＤとも特徴的な症状が必要数満たされており、それらがＡＳＤでは発達早期に、ＡＤＨＤでは十二歳以前から、それぞれ存在することが求められます。このため、前節でも述べましたが本人からの丹念な聞き取りとともに第三者情報、本人の幼少期を知る親兄弟からの聞き取り（どうしても難しい場合はパートナーや友達、同僚や上司など）、通知表や母子健康手帳、小さい頃の記録などの客観的情報を可能な限り集めることが求められます。なので、「当日診断可能」ということは、よほど典型的に症状がそろった方が親同伴で来院された場合などに限られます。こうした聞き取りと並行して行うのが心理検査です。

当院では、基本的にＡＳＤにはＡＱ-Ｊ[*8]を、ＡＤＨＤでは自記式ＣＡＡＲＳ[*9]を基本検査として行

＊６　木下優樹菜ＹｏｕＴｕｂｅチャンネル「ゆきなてきな。」（二〇二二年七月二五日公開）。 ＊６

＊７　ＰｕｂＭｅｄ：アメリカ国立衛生研究所が運営する世界的な医学論文データベース。

い、問診での漏れがないかチェックします。複雑検査としては主にWAIS-Ⅳを行いますが、これは診断のためというよりは支援の方向性を探るために行う、というのは前節で述べたとおりです。

3．発達障害はrTMSで治らない

さらにその医療機関では前述の方法で発達障害と「診断」した方に対して、その「治療」のためにrTMS（repetitive Transcranial Magnetic Stimulation；反復経頭蓋磁気刺激療法）を勧めてくるようです。rTMSは、パルス磁場による誘導電流で特定部位の神経細胞を繰り返し刺激して、うつ病によるうつ症状を改善させる治療法です。これは現在、特定の条件を満たした医療機関でのみですが、うつ病に対しては保険適応もなされている正当な治療法です。これまでうつ病に対する非薬物・生物学的治療法としては修正型電気けいれん療法（mECT）がほぼ唯一効果が実証されたものであり、私も大学在職時には日常的に難治うつ病の方にこの治療法を行っていました。mECTはうつ病に対して高い効果がありますが、脳に電極から百ボルトの電流を流すという方法のため、入院して中央手術部にて全身麻酔下に行う（通常週に二～三回、計十二回を目安に行います）という、なかなか手のかかる治療法です。

rTMSは電流のかわりに磁場を用いることで、同様の効果をより簡便に得ることが期待されます（私個人の経験からは、mECTには及ばないが一定の効果は期待できると思います）。うつ病に対する保険適応の基準が厳しいことから、保険外でrTMSを行うクリニックも多いのですが、玉石混交、なかにはプロトコルも怪しくぼったくりと思われるところもありますので注意が必要です。

アメリカ食品医薬品局（FDA）はうつ病に加えて強迫性障害についてもrTMSを認可していますが、発達障害を含めたそれ以外の疾患についてはまだ研究段階であり、現在まで世界中でそれを公式に認可している国はないと思われます。わが国でもこの分野の研究は進んできており、部位と刺激方法を工夫することで将来的には発達障害の領域においてもrTMSが治療法としての地位を確立する可能性は十分にあると思います。

しかし、現時点ではrTMSがASDやADHDの主要症状を改善させるという十分なエビデンスはありません。なので、現時点でASDなりADHDといった発達障害の治療法としてrTMSが提案されるということは、通常はあり得ないと考えてください。

4．ASDとADHDの併発

大人の発達障害診療を続けるなかで、「ASDとADHDの関係性について」がここのところの

＊8　AQ-J：自閉症スペクトラム指数（Autism-Spectrum Quotient）日本語版。ASD診断の補助に用いられる。

＊9　CAARS：カーズ（Conners' Adult ADHD Rating Scales）日本語版。自己記入式と観察者評価式がある。ADHD診断の補助に用いられる。

表3－1　ASDとADHDの区別困難な症状のまとめ

特性	ASD	ADHD
社会コミュニケーション障害	相手の意図をくみとる力が弱い特性	不注意や衝動性により相手のサインを見落とす
こだわり 融通が利かない	関心にフォーカスする特性	過集中によりそう見える
不注意	関心がないものに注意を払わない	適切に注意を向けられない
多動－衝動性	関心に従った行動がそう見える	抑えられない特性

出所：筆者作成。

私のライフワーク的テーマとなってきています。メインテーマは、ASDとADHDはまったく別ものなのにどうしてASD＋ADHD（併発）とされる方が出てくるのか＝どうして両者の症状が似ていることがあるのか、です。[*10] 症候学、すなわち症状を丹念に見ていく方法で分析してみましょう。ご存じのように、DSMが定義する主要な症状はASDでは社会コミュニケーション障害とこだわり、そして感覚過敏であり、ADHDでは注意障害と多動－衝動性です。診断基準を一見するとまるで異なる症状が並んでいますし、典型的なケースでは外から見た様子（佇まい）がまるで異なる、真逆といってもよいくらいの違いがあります。

しかし、実際の臨床現場ではなかなか鑑別が難しい場合も多いのです。これは、ASDなのに一見ADHDのような症状を示す、逆にADHDなのに一見ASDのような症状を示すことがしばしばあることが理由と考えられます。目の前に現れる症状の背景をさらに掘り下げると、実は別の特性由来であることがあります。まとめると表3－1のような感じになります。

各特性について、本来のＡＳＤ、ＡＤＨＤに由来するものは網掛けで、本来とは別の特性に由来するものは網なしで表示しました。一見ＡＳＤ由来の社会コミュニケーション障害に見えても、実は注意をフォーカスすることが困難で相手の話をしっかり把握できないとか、衝動性の高さからすぐ相手の話を遮ってしまうことなどが原因のこともあるわけです。

こだわり、融通が利かない、といったＡＳＤ特性については、「過集中」という言葉が両者の関係性におけるキーワードと感じています。この「過集中」はＡＳＤでもＡＤＨＤでもどちらでも見られるのですが、それぞれ意味合いが違います。ＡＳＤでは狭い興味・関心の幅のなか（スイートスポット）のものに過集中。なので、同じ対象に長く集中し続けることになります。電車のことばかり話してる電車オタク系ＡＳＤの方を想像するとイメージしやすいでしょうか。

「今ここ」に生きるＡＤＨＤではその特性として視野が狭いため、少しでも興味あるものがたまたまその視野に入ったところにロックオンがかかります。しかしこちらはもっと刹那的で、しばらくして飽きるとターゲットが別の対象に移ります。

一方で不注意についても、一般的にはＡＤＨＤ由来と思われがちですが、ＡＳＤ特性から興味が

＊10　ＤＳＭ-５から、それまで認められていなかったＡＳＤとＡＤＨＤの併存、すなわち重複診断が可能となった。ＤＳＭ-Ⅳ-ＴＲまでは、両者の診断がつく場合は広汎性発達障害（現在のＡＳＤにほぼ相当）の診断を優先することとなっていた。

ないものには関心も注意も向けられず、結果的に不注意となってしまうこともあるわけです。同様に多動‐衝動性に見えるものも、狭い興味・関心の幅のなか（スイートスポット）にハマったものに対しては何も考えずに飛びつく傾向があるため、一見多動‐衝動性に見えることもあると思われます。

誤診を避けるためにも、そして安易にASDとADHDの併発診断を乱発しないためにも、精神科医には困りごとがどこから来ているかをしっかり聞き出し分析することが求められますし、当事者も自らの分析をぜひ行ってほしいと思います。

5．発達障害と知的障害における「グレーゾーン」について

次は、いわゆる「グレーゾーン」についてです。何度も書いている通り、発達障害の診断は、最終的にはDSMという診断基準に則って行われます。DSMでは、症状が列記されており必要な数が揃うことで診断が下りるわけですが、なかにはいろいろと困りごとはあるものの、その必要な数が揃わないことでASDやADHDなどの発達障害の診断に至らない場合があります。このように、そういう特性、困りごとの「傾向」はあるが診断がつかないケースのことが一般に「グレーゾーン」と呼ばれます（図３‐１）。最近では、「グレー」という言葉のネガティブな響きから「パステルゾーン」という言葉も使われるようです。

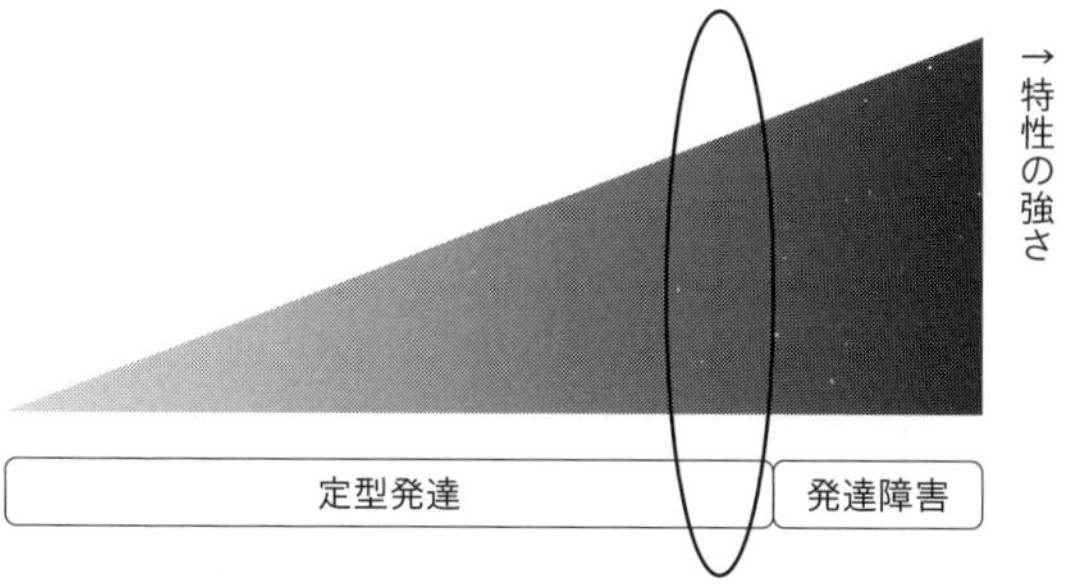

図３-１　グレーゾーン
出所：筆者作成。

この診断の線引きはなかなか難しいところがありまして、ここでちょっと裏話を。発達障害の専門外来をやっているような専門病院、大学病院の場合、臨床、教育に加えて研究が大きな柱となっています。研究においてはその対象となる患者さんの診断には厳密さが要求されます。そもそもＤＳＭは研究者同士がバイアスのかかりにくい同じ診断基準で診断をつけることによって同じ土俵で研究を行うことを目的に策定されたものであり、研究者目線でつくられています。

なので、有名な専門病院、大学病院の診断はその閾値が相当高いところにあり、少しでも基準を満たさないと「発達障害ではない」となってしまいます。これはめちゃめちゃ正しいのですが、われわれのように市井で臨床をやっていると、困って来院された方に発達障害ではありません、ではさようなら、というわけにはいきません。実際には、何らかの「適応障害」を起こしていることは確かであり、発達障害とは診断名をつけないにせよ何らかの精神科診断のもとに支援を導入する必要があるわけです。その際、診断基準を満たさないながらも発達特性と

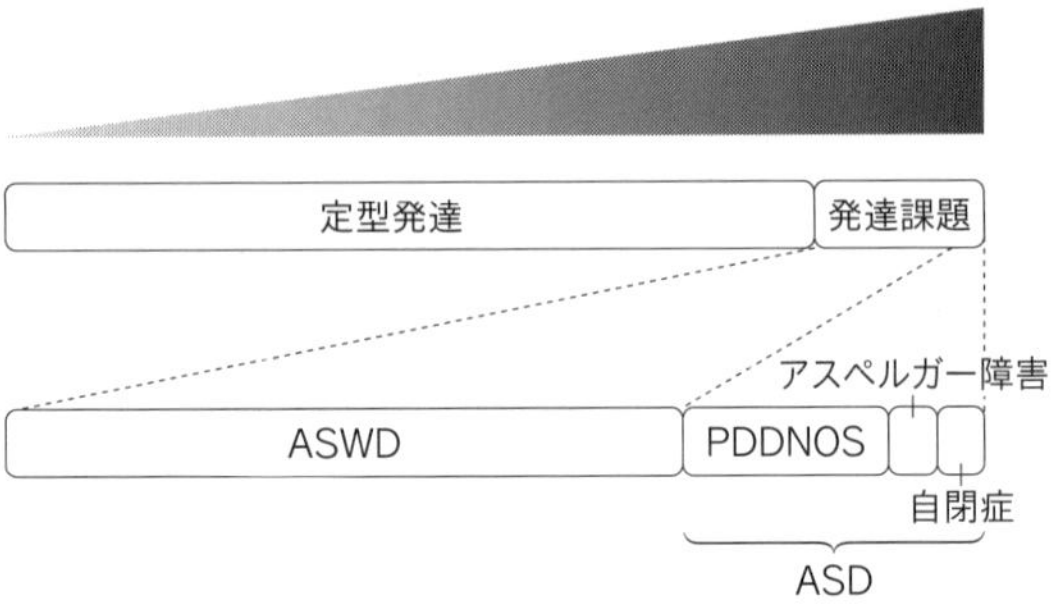

図３－２　ASDとASWD

出所：筆者作成。

関連した困りごとが明確な場合（これこそグレーゾーンと言えます）は、その方向での支援が必要なことは言うまでもありません。これは精神障害でも（うつ病の診断基準を厳密には満たさなくともうつ病としての治療を導入する、など）同様に起こりうる現実的問題です。もちろん、過剰診断には慎重でなくてはならないのは当然のことです。

ＡＳＤと関連した発達課題を有する人の分類を試みたのが図３－２です。ＤＳＭ－５の一つ前のＤＳＭ－Ⅳ－ＴＲ[*11]の時代まで、ＡＳＤは自閉症、アスペルガー障害、特定不能の広汎性発達障害（ＰＤＤＮＯＳ）[*12]に分かれていました。これらはスペクトラムの色の濃いものから順に並んでおり、一般に自閉症、アスペルガー障害はそれぞれ人口の〇・三％、ＰＤＤＮＯＳは二～三％というデータが多いです。なお、こうした分類の枠を超え、定型発達とされるグループまで含めて発達課題の濃淡があるというのがニューロダイバーシティの見方ですね。

本田秀夫氏は、一〇人に一人くらいはＡＳＤにつながる

「生きづらさ」を抱えていると言い、そのなかでASDの診断基準を満たさない（これも「グレーゾーン」ですよね）人をASWD（autism spectrum without disorder; 非障害自閉スペクトラム）と呼ぶことを提唱されています。*13 障害ではないが特性を抱えている方、そういう方はたくさんいるでしょう。私自身、小さい頃は外遊びが嫌いで一人でブロックを朝から晩まで組み立てている、すべての国の国旗を覚える、不器用でボタンがはめられないなど、今にして思うとASD傾向バリバリでした。

そんなわけで「グレーゾーンなので治療や支援がいらない」ではない、ということが重要です。発達特性とはいろいろな要素からなる複雑系でして、社会性、コミュニケーション、こだわり、感覚過敏、不注意、衝動性、多動性、巧緻運動障害、粗大運動障害、学習障害など、一つひとつがそこまで強くなくとも複数の弱みがある場合、バランスを欠く場合には大きな困りごとになることもあるのです。ここに親子間のアタッチメント*14の課題、トラウマの課題、さらには二次障害としての適応障害などが重なるとますます生きづらい状況が生まれます（図3-6、八七頁参照）。診断基準

---

*11　American Psychiatric Association, 髙橋三郎・染矢俊幸・大野裕（監訳）『DSM-Ⅳ-TR 精神疾患の診断・統計マニュアル』医学書院、二〇〇二年。

*12　**特定不能の広汎性発達障害**（PDDNOS; pervasive developmental disorder not otherwise specified）：DSM-ⅣまではASDは広汎性発達障害（PDD）と呼ばれ、自閉症、アスペルガー障害以外の広汎性発達障害をまとめてPDDNOSと診断することになっていた。

*13　本田秀夫『自閉症スペクトラム――10人に1人が抱える「生きづらさ」の正体』SBクリエイティブ、二〇一三年、九〇頁。

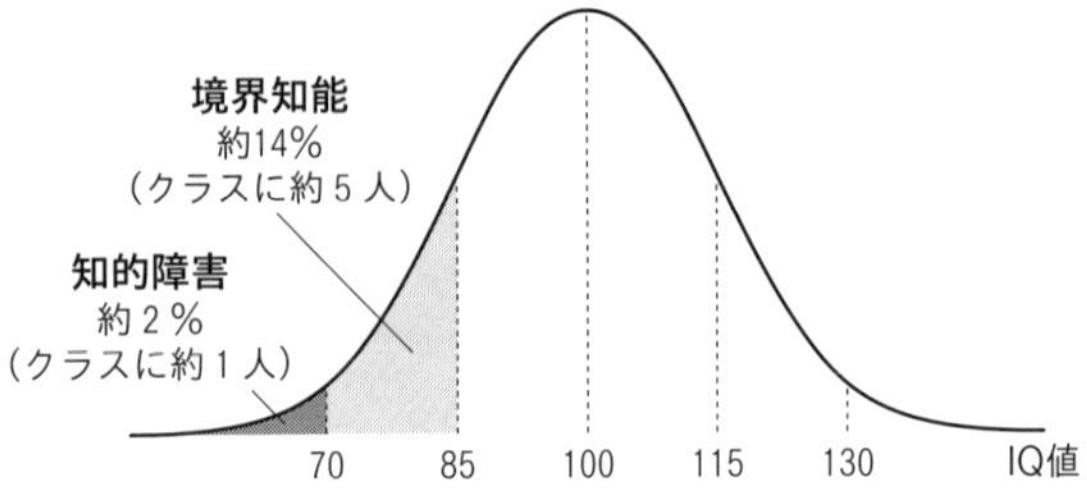

図３－３　IQの分布
出所：宮口幸治『マンガでわかる 境界知能とグレーゾーンの子どもたち』扶桑社，2020年を一部改変。

は大切ですが、それに囚われ過ぎず、その人その人の困りごとをきちんと分析し、対応を考えていくことが大切なのです。

発達障害のことばかり書きましたが、グレーゾーンという意味では知的障害でも同じことが言えます。知的障害とは物事を認識する力に先天的な弱さがあるもので、大まかには知能指数ＩＱで七〇未満のものを指します。[*15] この知的障害におけるグレーゾーンが「境界知能」と呼ばれるもので、おおよそＩＱが七〇―八五の間のものとされています。

知的障害者が人口の約二％[*16]なのに対して、この境界知能水準の方は約十四％＝一七〇〇万人と、およそ七人に一人の方がここに該当します（図３－３）。知的障害の場合と同じく、境界知能もＩＱ値だけで判断するのは早計でして、人によって認識の苦手さのパターン、程度は違いますので、境界知能水準であっても多くの方はそこまで困ることなく日常生活を送っておられます。一部の方が、置かれた環境において求められる認知能力とのギャップから生活や仕事で困りごとが生じることになるのです。

大卒であるなど、一定の学歴のある方でも仕事で困難を抱えて来院され、調べてみると境界知能水準であって仕事の理解困難がその背景に存在することがあります。うつ病などの疾病によって認識力が低下したわけではなく、もともとその仕事に求められる水準に認識力が達していないわけです。発達障害の場合と同じく、苦手分野を正しく分析してより適性に見合った仕事内容に従事することが大切であり、周囲の配慮や工夫で難しい場合は、配置換えや転職などにより、より能力に見合った仕事に就けるような動きが必要となります。なお、WAIS検査は大変混み合っていて発達障害の方を優先的に行っていますので、境界知能疑いでこれを行うのは実は現実的ではありません。このため、実際には診察室での会話の様子、職業機能などから精神科医は推定していくのが現状です。

6．グレーゾーンをヒントとしたニューロダイバーシティへの視点

本書のなかでも何度も出てくる「ニューロダイバーシティ」……、なんかロボットアニメにでも

＊14　**アタッチメント**：幼少期において、養育者との間に築かれる関係性がその後の人生における社会性や情緒安定性の基盤となる、というのがボウルビー（Bowlby, J.）の唱えたアタッチメント理論。愛着と訳されるが、言語のニュアンスが崩れるとして最近はアタッチメントと記載されることが多い。

＊15　DSM-5以降、知的障害はIQ値のみではなく、適応機能とあわせて総合的に評価し診断することとなった。

＊16　統計上はIQ七〇未満の者は二％いると計算されるが、内閣府が把握している知的障害者は約一％である（内閣府『令和五年版　障害者白書』勝美印刷、二〇二三年、二一九頁）。

出てきそうなかっこいい名前ですが、どういう意味なのか改めて確認してみましょう。ニューロ＝神経（neuro）ですね。脳神経という単語があるように、この場合の神経は末梢神経というよりは中枢神経、すなわち脳のことを指していると考えてよいでしょう。

そしてダイバーシティ。最近ニュースなどでもよく聞く単語ですよね。ダイバーシティは日本語では「多様性」ですね。さまざまなものがごっちゃになっているような状態。民族や人種、国籍、性（性的指向性、性自認ふくむ）、そして障害の有無などについて、その多様性を認めようというのがダイバーシティ活動です。ニューロダイバーシティは日本語では「神経多様性」。経済産業省のホームページには、こうあります。*17

「脳や神経、それに由来する個人レベルでの様々な特性の違いを多様性と捉えて相互に尊重し、それらの違いを社会の中で活かしていこう」という考え方であり、特に、自閉スペクトラム症、注意欠如・多動症、学習障害といった発達障害において生じる現象を、能力の欠如や優劣ではなく、『人間のゲノムの自然で正常な変異』として捉える概念でもあります。

神経多様性なら知的障害や精神障害についても含めてもいいようにも感じますが、歴史的にこの言葉がＡＳＤの権利推進活動から生まれたという背景もあるようで、現実には発達障害者のもつ発達特性を、自然で正常な変異（発達凸凹）として認めようということです。ご存じのように、発達特性とは実生活でマイナスに働くこともあれば、プラスに働くこともあります。
たとえば……

・ＡＳＤのこだわりの強さ　→　一つのことをやり抜く能力
・ＡＤＨＤの衝動性　→　行動力、積極性

などなどです。

凸に働くこともあれば凹に働くこともある。大多数派である定型発達の方々を基準に作られたこの世界では、凸凹と飛び出していますが、それは悪いことだけでもありません。さらに言えば、ＡＳＤやＡＤＨＤなど、発達障害の診断基準の項目をぱらぱらと読んでいって、どれ一つあてはまらない、なんて人はいるでしょうか。私など、前述しましたが子どもの頃はＡＳＤ特性もりもりだったと思います。知り合いの医師を思い浮かべても、今でもＡＤＨＤ特性もりもりの先生もたくさんいるし……。すなわち、ニューロダイバーシティの考え方とは、発達障害者にとどまらず、すべての人になんらかの発達特性があるという「汎・発達特性」の考え方なのです。

＊17　経済産業省「ニューロダイバーシティの推進について」。

医師は診断という作業を行う際、どこかで病気がある／ない、の線を引くことを迫られます。診断は当然ながら治療・支援のために行うものであり、診断の有無によって治療・支援の必要性やその程度を決定することになります。なので、ニューロダイバーシティの考え方を踏まえつつも、えいやっ、とどこかに線を引くことを求められます。しかし、治療・支援の現場では、前述のとおり診断基準にきれいにはあてはまらないが支援が必要、という人が少なからずいらっしゃるのが実情です。

診断は治療・支援のためにある、と書きましたが、実はもう一つ、診断は福祉制度導入のため、という目的もあります。障害者として行政サービスを受けるためには精神障害者保健福祉手帳（発達障害も知的障害の診断基準を満たさなければこちらになります）が必要で、それを入手するためには医師の診断書が必要なのです。障害年金もそうですが、介護保険、訪問看護などのサービス導入にも医師の診断書・意見書は必須です。これらの診断書は生活障害の程度についての記載がメインとなりますが、そうはいっても診断はその前提であり、こうしたサービスを受けられる／受けられない、のオール・オア・ナッシングで診断が影響するという事実は、前述したグレーゾーン問題に悩むわれわれ医師にとっても頭の痛い問題なのです。

実はここからがこの節の本題ですが、それは「グレーゾーン」という概念から、「ニューロダイバーシティ」への概念拡張、ある種のパラダイムシフトを試みることです。グレーゾーンの考え方というのは、図３－４に示したように、発達障害と定型発達の間にグレーゾーンが存在する、と

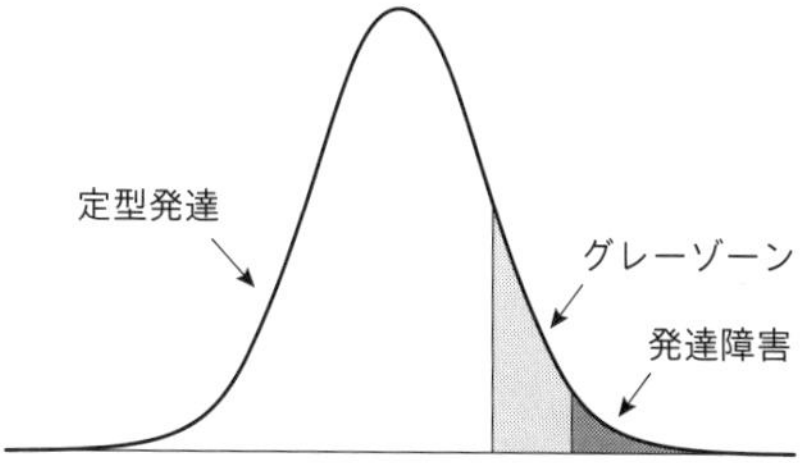

図３-４　従来の考え方（発達障害）
出所：筆者作成。

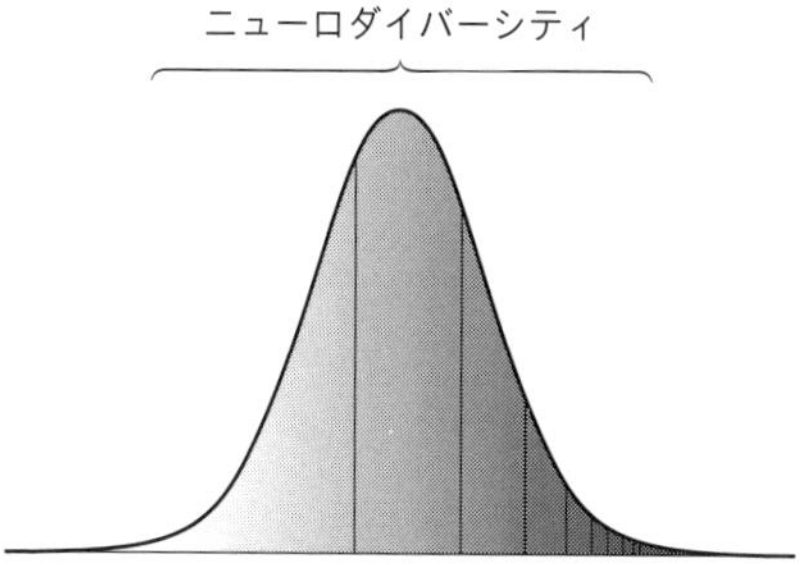

図３-５　新しい考え方（ニューロダイバーシティ）
出所：筆者作成。

いうイメージですね。グレーですから、まあぼんやりしてはいますが、基本的には発達障害—グレーゾーン—定型という三群のタイプ分けがこのコンセプトの主眼にあります。

それに対して、ニューロダイバーシティの考え方は図３-５です。左から右へ、グラデーションを成して発達特性の色が濃くなっていきます。図３-４との違いは、全体を三群に分けることなく、ひとつながりのものとして捉えていることです。

定型発達と呼ばれている方でも、前述のように何かしらの特性はある。その程度が人によって違うだけで、それらは連続的に分布していて、線を引こうと思えばどこにでも引けるが、ニューロダイバーシティの考え方ではあえて線を引かず、あくまでも連続的なものとして扱う、というのがミソですね。医療診断においてわれわれ医師の仕事は線を引くことですから、われわれからするとこれはなかなか斬新であり、コペルニクス的転回とも言えます。

でも、ロシアとウクライナの間にも、アメリカとメキシコの間にも本当は線なんかなく、人が勝手に「国境線」なるものを引いているのと同じで、発達特性の程度にも、本来は線なんかないんです。さらに述べるなら、一般的な意味での特性の強さと実生活での困りごとの程度とは、必ずしも比例しません。発達障害の場合、本来は治療・支援の必要度の高さを基準にすべきで、そうなると実はそれは発達特性自体とは（相関はあるものの）若干のずれがあります。

特性もりもりでも仕事とのマッチングがよく、家庭環境に恵まれていれば特に支援の必要はありませんし、逆に診断基準閾値下であっても、環境とのミスマッチが強ければそれは障害相当となります。こうした問題を考えるといつもモヤモヤするのですが、ニューロダイバーシティの図式で考えるとスッキリと捉えられるというものです。もちろん現実には、医師はどこかで線を引いて診断書を書くわけですが、その際にもこうしたニューロダイバーシティの考え方をしっかりともっているかどうかは、重要なポイントだと考えています。

定型発達と言われる人でも、特性（凸凹）は必ずありますし、みんなその弱点を最小化し、強みを最大化するように知らず知らずに工夫していることでしょう。これを発達障害者の困りごとまで

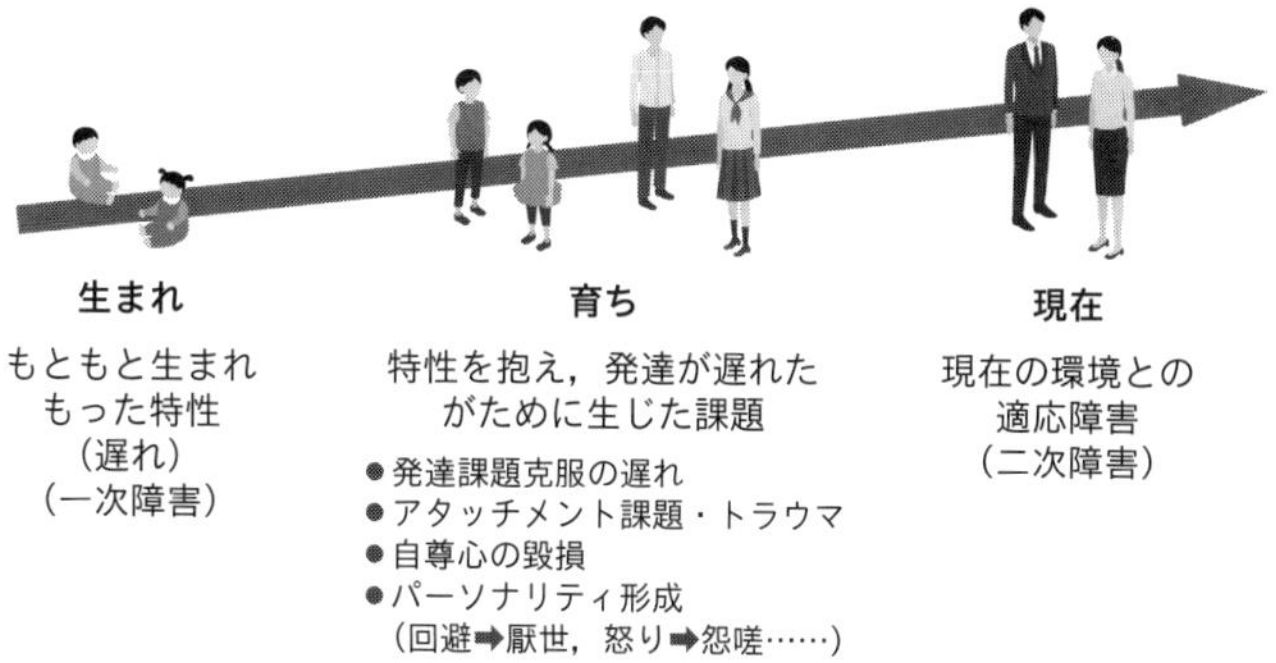

図３－６　発達障害の抱える問題

出所：筆者作成。

外挿し、みんなでやり方を考えていける世の中にする……ニューロダイバーシティについてみんなが知ることは、そうした明るい未来への第一歩なんだと、私は考えています。

7．子どものニューロマイノリティについて

さて、ここまでは普段主に大人の発達障害の診療にあたっている私が日頃ブログで発信していることをまとめてお話ししました。ここでは、この本の副題が「発達障害の子どもたちを内側から理解する」であることを踏まえ、私から見た子どもの課題についてまとめてみることにします。

図３－６は、ニューロマイノリティ、発達障害を抱えた子どもが、大人になるまでに抱える課題を図式化したものです。その課題は、生まれ・育ち・現在の三段階に分けられます。狭義の発達障害とは、生まれつきもっている特性のことです。成長とともに周囲と折り合いをつけたり、特にＡＤＨＤでは年齢とともに薄くなったりすることはあ

るものの、基本的に生まれつきの課題として、発達特性は生涯にわたって続きます。

発達障害を抱えた子どもも年齢とともに成長しますが、定型発達者が大多数の社会において、それぞれの年齢で求められる発達課題に到達するのがどうしても遅れます。親との間のアタッチメント（愛着）形成において、親から見るとマイノリティとしての育てにくさが、本人から見ると親からの視線や愛情をきちんとキャッチできない特性がそれぞれあり、どうしてもアタッチメント形成がうまくいかないことがあるようです。家族との間、友人との間などで虐待やいじめなど、トラウマ体験が生まれやすい傾向も認められます。そうしたなかで、なかなか自尊心が育ちにくかったり、あるいはせっかく芽生えた自尊心が毀損されたりする事態も起こり得ます。成長期、思春期のそうした体験はその子どものものの考え方、ひいてはパーソナリティ形成に大きな影響を与えます。考え方が内向きにすぎると回避的傾向が強くなり、極端な場合には厭世的世界観をもつこともあります。一方で考え方が外向きにすぎると自分を理解しない他者への怒りのベクトルが強まり、なかには世の中への怨嗟をもつにいたる方に出会うこともあります。これら育ちの課題が、発達障害を扱う臨床医から見ると一番難しい問題でもあるのです。

最後は現在の問題です。大人の発達障害の場合、発達障害そのものよりも、その発達特性が理由でなんらかの適応障害を起こしていることが医療機関を訪れる理由としては一番大きなものです。適応障害水準の反応のこともあれば、うつ病や不安障害など精神障害の診断基準を満たす状態のほうもあります。こうした場合、背景に存在する発達障害を一次障害、併存している精神障害を二次障害と呼びます。この場合、一次障害としての発達特性を踏まえつつも、まずは二次障害をきちんと治療することが優先されます。

さて、こうした大人の発達障害の視点から見たニューロマイノリティの子どもについて、私が一番大切と考えるのは真ん中の「育ち」の部分です。少しでも早い段階で発達特性の存在に気づき、療育も含めた適切な対応につなげることはもちろん大切ですが、そのあとの「育ち」をいかに健全に進めていくかが、その方がその後、より心身ともに健康的な生活を送るため特に重要なことです。そのためには、両親や教師などの大人から友人、クラスメートまですべての人がニューロマイノリティについて知り、そうした生き方を認めていける世の中をつくることが何より大切です。最近、性に関するマイノリティについて、当事者の積極的活動もあって世の中の見る目が変わり、法律などにも反映されようとしています。ニューロマイノリティについても同様のムーブメントが期待され、この本がその一助となることを願っています。

ディズニー映画『アナと雪の女王』[*18]で、ものを凍らせる力で妹のアナを誤って傷つけてしまったエルサを、両親はエルサが力をコントロールできるようになるまで、と幽閉してしまいます。のち

*18　ディズニー映画『アナと雪の女王』（原作：ハンス・クリスチャン・アンデルセン、監督：クリス・バック、ジェニファー・リー、脚本：ジェニファー・リー）は、ウォルト・ディズニー・アニメーション・スタジオによって製作され、二〇一三年に公開されたアメリカ合衆国の3Dコンピュータアニメーションミュージカルファンタジー映画。日本では二〇一四年に公開。

に成人したエルサは氷の城をつくることで自分の力を存分に発揮し、アナの愛情を得ることでついに力をコントロールできるようになるわけですが、そこに至るまでの思春期に大きな心の傷つきがあり、自らの戴冠式の日にも「誰にも会いたくない」と言います。あらためてこの映画を見ますと、人と違う特性・能力をもって生まれたニューロマイノリティの子どもが、その特性・能力を否定され、トラウマを抱えて成長していく姿に重なって見えます。ニューロマイノリティのもつ力を恐れるのではなく、活かしていけるような育児、教育、そして世の中であってほしいものです。

第Ⅱ部
ニューロマイノリティの体験世界

第4章

リジョイス！

内藤えん

大人と子どもの境目をどう設定するのかは悩ましい。

令和四年、民法の成年年齢は二〇歳から一八歳に引き下げられ、法的には一八歳以降は大人として扱われることになった。だから今は、大学生も「大人」として扱われる。

けれど、一八歳が大人として扱われることに違和感をもつのは、わたしだけだろうか。一八のとき、わたしはまだまだ知らないことだらけで、今振り返れば、大学生としての自覚すら危うかったように思う。

今回、わたしは自分の体験した世界を伝えるために、あえてフィクションという形式を取って表現した。フィクションは、ときに、ノンフィクションより真実を伝えることがある。だから、自分の体験の断片を切り取るだけではなく、ある発達障害の女性から見える世界を、フィクションに仮託して表現することとした。

そして、これは、法的にも一八歳がまだ「成人」として扱われる前、世間も自分も、その年齢に子どもっぽさを感じていた、二〇年以上前のお話だ。

*

ドン、という大きな音がして、わたしはベッドから飛び起きた。壁を打つ音だ。学生寮の個室の壁は薄いから、隣の女子学生が壁を叩いた音が、こうして響く。

壁をこうして叩かれたのは、初めてではない。右隣からも、左隣からも、わたしの部屋の壁はよく叩かれる。そのたびに、無意識に大声で歌っていたり、足音を立ててダンスしたりしていたことにハッとさせられる。大学に入ってまだ間もないのに、学生課を通じて、苦情がきたことだってある。

だから、今日もわたしが何かしてしまったのだろうと、首を竦めた。

慌てて狭い部屋を見渡すと、ベッドの横のデスクで、ガラケーが大音量で着信を告げていた。慌てて受信ボタンを押す。

「ナナ、起きたか?」

「お散歩サークル」で一学年上の、小山くんの声が聞こえる。

「何度もかけたんやけど、つながらんくて。寝てたんやろ?」

それなら、着信の音が隣の部屋にも何度も流れたのだろう、と冷や汗が出る。特に優良な入寮生になりたいわけではないけれど、学生寮から追い出されれば、行くところはなくなってしまう。

「うん、ごめん。気がつかなくて」

小声で答える。

「昨日、遅くまでレポートしとったからちゃう? それはええけど、一限の授業、体育の実技ちゃうかったっけ?」

思わず、「あ!」という大きな声が出た。

一限の必修科目「体育」では、今日からプールの実技に入ることになっている。時計を見れば、授業開始まであと十分しかない。

「ほな、切るで。遅れたらあかんで」

小山くんはそう言うと、通話を切った。

起き上がり、慌てて着替える。ベッドの上に山積みになった洗濯物の中から、水着を引っ張り出す。バスタオルもあるはずだけれど、見つからないから、代わりにスポーツタオルを引っ張り出す。日焼け止めもデスクにあるはずなのに、物が散乱していて見つけられない。

小学生で自室を与えられてから、わたしの部屋は片付いたことがほとんどない。「ほとんど」というのは、見かねた祖母が片付けてくれたという例外があったということだ。自分で部屋を片付けるのは、無理に等しい。そのことで両親には何度も叱られたけれど、部屋の片付けられなさは治ることがなかった。寮で暮らすようになって、はじめは張り切っていたけれど、やっぱり両親の家の自室と変わらず、散らかったままだ。

化粧している時間はない。水着とタオルをコンビニ袋に詰め、通学用リュックにねじ込むと、わたしは寮の部屋を出て、階段を駆け下りた。

あと五分。学生寮が大学の敷地内にあるとはいえ、プールまでは距離がある。必死に足を動かすが、わたしの足はもつれ、前に倒れそうになる。平均的な身長だし、足の長さにも問題はないはずなのに、走るのは苦手だ。

プールに向かいながら、小山くんの親切に感謝する。昨日の「教育心理学」のレポートも、小山くんが去年出したレポートを見せてもらって、語尾を変えただけのものを、教授のメールボックスに提出したのだ。おまけに、授業に遅れないようモーニングコールをしてくれるなんて、なんて優しいのだろう、と感動する。彼と「仲良し」になって、本当に良かった。

男の子がこんなに優しいなんて、大学に入るまで、誰も教えてくれなかったし、知らなかった。もっと早くにそれを知っておけば、中学や高校での生活も少しは違っていたかもしれない、とチラッと思う。

小学校でも、中学でも、男の子はわたしの敵だった。わたしと他の女の子との差異に敏感で、それをあげつらっては、からかいや、いじめのタネにする。特に、小学校高学年の頃、女の子たちが「グループ」を作り始めると、それは顕著になった。どのグループにも属せず、彼女らのコミュニケーションを理解できないわたしは、クラスでも学年でも浮いてしまい、遠足の班決めでも、修学旅行の班決めでも、あぶれてしまう。消しゴムのカスを頭に載せられたり、給食当番のときに重いものばかり運ばされたり――男の子たちは、いつも意地悪で、嫌な思い出しかない。かといって、女の子のグループも、わたしには決して優しくはなかったのだけれど。

なんとかプールの更衣室にたどり着く。他の学生はもうプールに向かったのだろう、わたししかいない空間で、服を脱ぎ捨て、水着に着替える。タオルを持ってプールサイドを走ると、点呼中の教員が顔をしかめた。

「プールサイドは走りません。教員になったら、指導する側なんですよ」

慌てて、一応、ぺこっと頭を下げる。教育大に入ったものの、教員になることは想像したこともない。進学校に入ったのに、授業についていけなくなり、国立で入れそうなのが、この教育大だっただけなのだ。

この大学なら、両親の家から通うのは難しい。そして、寮費の安い学生寮だってある。どうしても親元から離れたかったわたしは、高校での成績がふるわなかったけれど、なんとか試験をクリアし、この大学に現役合格を果たした。

「佐々木さん、こっち、こっち！」

と同じ教育学専攻の向井さんが、わたしに手を振ってくれた。実技は男女分かれて行われるから、同じ専攻の女の子たちは、集まって座っている。

「まだ点呼終わってないから、大丈夫」

横に座ると、向井さんが小声でそう教えてくれた。ショートカットの向井さんは、さっぱりした外見とは裏腹に、誰にでも優しく、世話好きだ。入学してまだ二か月、六月にして既に落ちこぼれそうになっているわたしにも、いつも親切にしてくれる。セパレートタイプの水着に、ラッシュガードを羽織った姿は、長身の向井さんによく似合っている。スポーツをしていたのだろうか、筋肉質で引き締まった身体つきに、思っていたより豊満な胸で、目を奪われる。彼女とも「仲良く」なったら、もしかして、もっと親切にしてもらえるのかしら――ふと、そんなことを考えて、思わず頭を振る。それはなんだか、想像もしてはいけない事柄な気がする。

それにしても、教員になりたい人というのは、世話好きで親切な人が多いのだろうか。偏差値だけで選んだ教育大だけれど、親切な人が多いというのは、うれしい誤算だった。

とはいえ、授業にはいつも遅刻スレスレ、どの女子学生の集団にも属せないわたしは、関西弁で言うところの「ごまめ」には違いなかった。それでも、集団から弾かれることの多かったわたしにとっては、例えごまめであったとしても、ゆるく集団と繋がれているというのは有り難いことに違いはない。

大学に入ってみて気づいたのは、単位修得のややこしさだった。教室にいればよかった高校までとは違い、自分で授業を選択し、自分で組んだ時間割通りに教室を移動し、レポートやテストをこなしていかなければならない。スケジュール管理が苦手なわたしにとっては、難しいことの連続で、高校時代までのように、誰とも繋がっていない状況では、無事に大学生活を送ることはできなかったに違いない。

点呼が終わり、プールサイドでの準備体操が始まる。

学生の一人が、みんなの前に立ち、手足を動かす。それに合わせて、みんなも掛け声をかけながら手足を動かす。

スッスッと動くみんなの身体のようには動けず、わたしの身体は、ペタン、ペタンと壊れた機械のように動く。

小中学生の頃は、この運動神経についても、みんなによく笑われたし、教員からも困惑のまなざしを受けた。どこか身体に故障があったわけではない。「どうしてこうなっちゃうのかしら」。教員の言葉は、そのまま、わたしも思っていたことだった。

今も、他の学生からの視線を感じないではないが、みんなが大人なのか、笑われずに済んだ。モラルが高いというのも、教員志望の学生たちの良いところだ、と自分の不出来を顧みずに考える。

体操が一通り済むと、ようやく水の中に入る。五〇メートルプールの端から端まで、学生たちが順番にクロールで泳いでいく。

腕を回転させ、息継ぎをしようとするが、うまくいかない。何度もプールの底に足をつけていると、後からスタートした学生に抜かされていった。それでも、水の重みは気持ちよく、座学の授業よりも「何かをしている」という感覚がする。

クロールの後は平泳ぎ、そして背泳ぎをして、ようやく教員が「これで今日の授業は終了です」と告げた。

タオルを持って、更衣室に向かう。

更衣室の天井は高い。女子学生の声は反響し、耳を刺激する。

「疲れたー」

「三限何？」

「化粧水忘れたー」

プールの塩素の臭いに、スプレー式の制汗剤の香り、化粧品の匂いが混じる。

天井から吊り下げられたランプは蛍光灯で、細かな点滅が目を刺激する。

五感を刺激する情報が洪水のように押し寄せてきて、頭がクラクラする。それでも、わたしは更衣室の隅で、裏返しになっていたジーパンと格闘し、なんとか着替えを終え、更衣室の扉に向かった。

まだ耳の中に水が残っているのか、更衣室の残響音と、水の音が混じって、まだ水の中にいるような気がする。

ペタンペタンと重い足を引きずって、外に出る。息を大きく吸うと、お腹がぐうと鳴った。


二限の「憲法」の授業が終わると、大講義室からは人がどっと溢れ出す。スクリーンにスライドを映し出すために暗くしていた部屋には、出入り口から夏の日差しが差し込み、寝ていたわたしも慌てて荷物を持って立ち上がる。

「佐々木さん、ご飯どうするの?」

学食に向かうのであろう、女子学生の群の中から、向井さんが足を止め、わたしに聞いた。プールの後にメイクを直したのだろう、薄いピンク色に染まった唇が、かわいらしく動く。

「えーと……寮に帰って食べる」

もしかしたら、学食で食べる仲間に入れてもらえるのかもしれない、と思う。大学に入るまで、いや、入っても、一緒にランチを食べる仲間のいなかったわたしにとっては、貴重な機会だ。でも、学食で食べると、安いセットでも三五〇円がかかる。バイト代が入ってくるまで、あと半月ある。三五〇円を出すのも惜しく、わたしは苦し紛れにそう答えた。

「そう？　それなら良いんだけど……」

向井さんは心配そうにわたしの顔をのぞき込み、何か言いたそうにしていたが、女子学生の一人から名前を呼ばれ、そのまま講義室を後にした。

朝から何も食べていないから、お腹は減っている。空腹だからか、プールの実技の後だったからなのか、二限の授業中は寝てしまい、講義内容をほとんど覚えていない。

食べ物のあてが、ないわけではなかった。サークル棟に行けば、コンビニでバイトしている中山くんの、廃棄——期限切れの商品をこっそり持ち帰ったもの——があるかもしれない。それがなければ、生協の売店でカップラーメンを買う手がある。もっとも、それを買うお金も惜しいのだけれど……。

講義のレジュメをバッグに詰め込み、サークル棟への道を急ぐ。イメージとしては、颯爽と歩く、としたいところなのだけれど、やはり、ペタペタと前につんのめりそうになりながら近道の草地を歩いて、サークル棟にたどり着く。階段を上れば、「お散歩サークル」の部室だ。

ドアをノックして開けると、真ん中の机には「ご自由にどうぞ」と付箋をつけられたビニール袋に、賞味期限切れのおにぎりやサンドイッチが置かれ、古いソファには、夜勤明けなのだろう、中山くんが横になっていびきをかいている。彼が言うには、本当は廃棄食品をもらってくるのはいけないことらしいのだけれど、店長が「優しい」から、見て見ぬ振りをしてくれるらしい。

「やった！」

勝負に勝ったような、奇妙な達成感が湧いてくる。今日はツイている。思わず声を出すと、

「今何時？」

と中山くんが目をこすった。

「あ、ごめんなさい。一二時半、です」

中山くんはそれを聞くと、うう、と唸るような声をあげ、また目を閉じた。三限まではまだ時間がある。それまで身体を休ませたいのだろう。

わたしはビニール袋の中身を漁り、ハムチーズサンドとシーチキンおにぎりをそっと取り出し、寝ている中山くんに手を合わせると、そろりそろりと出口に向かった。

そのまま、共通講義棟に向かう。講義室と講義室の間には、冷水機とベンチがある。そこで食べることを思いつき、我ながら賢いと自画自賛して、またぺたりぺたりと歩き出す。

それにしても、バイトの面接に落ち続けたのは痛かった。

大学生活にはお金がかかる。四月には、一冊二〇〇〇円以上する教科書を一〇冊以上買わなければならなかったし、選択したドイツ語では、辞書も必要だった。

おまけに、わたしは計画的にお金を使うのが難しく、仕送りしてもらう月初は良いのだけれど、

月末になるともう財布にも銀行口座にもほとんどお金は残っていない。

祖母からの入学祝いの五万円は、教科書代と、日々の生活費に消えそうになっている。

入学してすぐ、バイト先を探したが、居酒屋の面接では、まだ若い女性店長に「あなたはうちには向いていないと思う」と言われ、たった五分の面接もパスできなかったし、カフェでも「平日に入れる人じゃないと駄目なんだよね」と、「学生バイト募集！」と書かれたチラシが積まれた部屋で断られた。

やっと決まったのは、五月末で、家電量販店でのキャンペーンガールの仕事だった。決められた衣装を着て、笑顔でチラシを配る。面接で念を押されたから、下手くそな化粧もした。

確かめたわけではないけれど、衣装を着ることができる体型で、十人並み以上の容姿なら、採用してもらえるようだ。まだ二日しか働いていないけれど、説明会で揃った女の子たちを見て、そんなことを感じた。いずれにせよ、クビにならないことを、切実に願っている。

ベンチに腰をかけ、ハムチーズサンドの封を開ける。かじりつくと、マヨネーズがTシャツの襟元に垂れたから、それを拭った指を舐めた。

咀嚼しながら、行き交う人の足元を眺める。すると、革靴の足が、ベンチの前で止まった。

「ナナ、それ、『廃棄』？」

見上げると、スーツ姿の井上先輩がハンカチで汗を拭っていた。教育学専攻の上回生でもあり、わたしを「お散歩サークル」に誘ってくれた、サークルの先輩でもある。

口にまだ物が入っているから、首を縦に振る。

「お散歩サークル」は、毎週土日に、広い公園に行ったり、低い山に登ったりする、ゆるいサークルだ。毎週の集まりに参加しても良いし、都合が悪ければ欠席しても文句は言われない。入学式の帰りに、サークルのビラをもらった際、井上先輩からそう説明を受け、なんとなく部室に顔を出した。最初の飲み会は新入生無料だったからついて行くと、そのまま入会届にサインをさせられた。

「中山のかぁ。あいつ、単位大丈夫なんかなぁ」

彼はそう言うと、わたしの横に腰を掛けた。

「なんで、スーツなん……ですか？」

「えらい他人行儀やなぁ。敬語やなくて良いってば」

そうは言っても、彼は四回生で、わたしは一回生なのだから、敬語を使う会話のほうが良い気がする。人との関係にはいつも馴染めないけれど、みんなの会話から、そんなことが頭を掠めた。

「就職活動。さっき面接行ってきた」

シューショクカツドウ。頭の中で言葉を反芻する。

就職氷河期の今、教員になるには、倍率の高い採用試験に合格しなければならない。教員志望の学生の中には、採用試験に全力を傾ける学生もいないではない。しかし、就職浪人をしないためには、採用試験も受験しつつ就職活動も並行して行うというのが、現実的な路線とは言えるだろう。

そして、彼は、現実的な人だ。

「そんなことより、今日、プール入った？」

井上先輩はわたしの頭に顔を近づけ、くんくんと鼻を鳴らした。

「臭い？」

「や、プールの匂い。塩素の」

彼はワイシャツを腕まくりすると、わたしの頭をクシャクシャに撫でた。撫でられる様子から、犬にでもなったような気分がする。

「今週の土日は空いてるん？」

「えーと、土日はバイトで」

キャンペーンガールのバイトは、派遣を繰り返す。先週の土日は家電量販店でのキャンペーンだったけれど、今度の仕事は梅田で、新発売のデジタルカメラのイベントのスタッフとなる予定だ。土日両方とも拘束されるけれど、約二万円が入ってくる計算だ。

「そしたら、今日の夜は？」

井上先輩は、わたしの顔をのぞき込む。もしかしたら、「仲良く」したいのかもしれない、と思う。彼の住むワンルームは、大学に近いから、遊びに行こうとすれば、時間はかからない。

「空いてる、けど……」

「けど？」

「お金が……」

もしどこかで夕食をとるなら、またお金がかかる。

口ごもると、頭がまたクシャクシャに撫でられた。

「ナナから金とらへんし。心配いらんで」

彼はそう言うと、またメールするし、と言って、どこかに行ってしまった。

塾のバイトをしている井上先輩は羽振りが良い。もっとも、それは、この大学の学生の中では、ということだけれど。

地方の国立大というのは、お金のない学生が集まりやすいのかもしれない。私立大学の学費が払えない、というわたしと同じような理由でこの学校に来ている学生も多く、「お散歩サークル」でも、月末になればお金のない学生たちがぴいぴい言っている。

だから、塾のアルバイトで稼いでいる井上先輩は、サークルの中でも最上級に「お金持ち」ということになる。

今日の夕食の心配はしなくても済みそうだ。シーチキンおにぎりの包装を解きながら、また、男の人というのは親切なものだと考えた。

「あ～、それ決めないと！」

わたし以外の五人は、机の前で会話を進めている。

わたしの所属する教育学専攻では、小学校の教員免許を取らなければ、卒業ができないシステムになっている。免許を取るには、通常、三回生で教育実習に行かなければならないが、二回生までに定められた単位を取らなければ、実習には行かせてもらえない。

　一回生のときに単位を落とせば、その授業が、二回生で取らなければいけない授業とバッティングする可能性もある。それはつまり、一回生のときから、必修の単位を落とせば、留年の危機が高まるということだ。

　この、初等科音楽も、「可」で良いから、通してほしい。

「えーと、佐々木さんはそれで良い？」

「え？　あ、はい」

　ぼんやりしていたら、急に声をかけられ、慌てて答える。聞いてくれた女子学生に、怪訝な表情をされたから、首を竦める。

　いつの間にか、机の上の指導案の「目標」は「いろいろなおとをたのしもう」となっていて、話は授業の「展開」について進んでいる。

　小中学生の頃は、いじめられたり、仲間に入れなかったりしたけれど、成績は悪くなかった。決められている答えをテストで答えるのは、パズルのピースをはめるのに似ている。答えのない人間関係より、テストのほうが、少なくともわたしにはずっと楽だった。もっとも、大学進学率の高い高校に入ると、パズルのピースをはめるようには、テストをクリアできなくなってきたのだけれど。

　いずれにせよ、評価がわかりやすかったそれまでの経験とは異なり、大学の授業では、「答え」

の用意されていないレポートや、グループワークやディスカッションへの貢献度も評価につながる。だから、今回のグループワークも、頑張らなければならないとは思うのだけれど、身体は固まるし、会話にどのタイミングで入っていけばよいかもわからない。

子どもの頃から、わたしは人の会話の輪に入るのが苦手だった。それはずっと小さい頃、保育園に入ったときから継続している。他の園児と仲良くできなかったわたしは、朝になると泣き叫んで登園拒否をおこし、ついには保育園を中退してしまった。小学校以降はなんとか学校には通っていたが、そこでも集団での活動は苦手で、そういった活動はぼんやりしてやり過ごすという状態が続いてきた。

大学生になったからといって、急にそうした性格が変わるわけではないことが、自分でもわかっている。

机上の指導案には、授業の「展開」として、「シンコペーテッドクロック」という曲の、楽器の音色に気をつけて聴く、という「導入」が書き込まれていた。

「あとは、子どもたちが音色について話し合う感じ？」

「二人組とかにしたらいいのかな？」

着々と指導案は埋まっていく。講義室では、他のグループの声も反響して耳に届くから、自分のグループの声だけを選択して聞き取るのは、なかなか難しい。

小山くんや井上先輩、向井さんのような親切な人がいると良いのだけれど――講義室を見渡して、そう考える。この授業も、今回はグループワークだったけれど、いずれは一人で指導案を書いて提出しなければならない。それは「初等音楽」に限らず、各教科の分だけある。指導案に興味をもてない、いや、教員になるのに向いているとは思えないわたしにとって、それは苦行だった。

学費の安い大学に入ることだけが高校生のときの目標だったけれど、入学して三か月が経とうとしている今は、それで良かったのか、疑問は膨らむばかりだ。

「……さん、佐々木さん！」

気がつくと、目の前の女子学生がわたしを見て、また怪訝そうな顔をしている。

「あ……ごめんなさい」

「佐々木さんも、これで良いかなぁ？」

すっかりと完成された指導案は、授業の「結び」の場面まで完成している。ウッドブロックで音を出した感想を発表するという流れになっている。

「えーと、はい。良い、と、思います」

「来週の発表、どうする？」

出来上がった指導案を、来週の授業ではグループごとに発表しなければならない。代表者も必要だが、今日出来上がった指導案を清書して、持ってくる係りも必要だ。持ってきた指導案は、教授がプロジェクターでスクリーンに映し出す手筈になっている。

「俺、発表やるわ」

男子学生が手を挙げ、あっけなく発表者は決まった。だが、なかなか清書係りが決まらない。なぜだか視線を感じる。今日のグループワークに貢献していないのは、わたしだけだ。

「そしたら、清書、します」

ごまめはごまめなりに、やらなければならないこともあるだろう。雰囲気を察してわたしがそう言うと、他の学生たちは大きく頷いた。

情報センターのコンピュータは古いうえに、OSがLinuxだ。癖が強く、使い辛い。それでも、自分のパソコンを持たないわたしが指導案をデータ化するには、それを使うしかない。忘れないうちに清書しておくために、わたしは空きゴマの四限、こうして情報センターでコンピュータに向き合っていた。

「どうや？　出来そうか？」

ショートメッセージで居場所を聞かれたから、情報センターにいることを伝えると、井上先輩がやってきて、隣のパソコンで就職情報サイトのページを見はじめた。一段落ついたのか、こちらのコンピュータの画面をのぞいている。

「えーと、指導案のテンプレートが見つからなくて」

「シラバスに載ってるやろ」

「シラバスの……えーと」

シラバスのページを眺めていると、先輩の手が伸びてきて、わたしの手の上からマウスを操作し、「初等科英語」のページを開き、「指導案テンプレート」をダウンロードしてくれた。

「あとは出来るか？」

頷いて、画面に向かう。

先輩はまた就職情報サイト画面に向き合っている。

手書きの文字を目で追って、テンプレートに記入していく。しばらく格闘していると、なんとか、それらしいものが入力できた。

ほっと一息ついていると、また先輩の手が伸びてきて、マウスを持つわたしの手を握り、文字の体裁を整えていった。

「読みやすくしとかな、発表しにくいやろ」

ガタガタだった文字は、あっという間に、揃っていく。

「印刷して、フロッピーにも保存しとき」

先輩は鞄からフロッピーディスクを取り出すと、わたしの手のひらにのせた。ありがたく、それを頂戴する。

「今日、どうする？　うちに泊まるか？」

先輩のアパートは、大学から駅に向かう途中にある。寮のわたしの個室に比べれば、ずっと片付いていていて、快適だ。

頷くと、犬を撫でるように、またワシワシと頭を撫でられた。

先輩が就職情報サイトの画面を操作し終わるのを待つ。キャスターのついた椅子で、くるくる回転していると、前の席の学生が顔をしかめた。慌てて、回転を止める。

小さな頃から、わたしはよく「落ち着きがない」と怒られてきたし、小学校の通知表にも毎年それを書かれてきた。だから、顔をしかめられると、はっとして、その場を取り繕う。小学生のときのように、授業中立ち歩いたりはしなくなったけれど、気を抜くと、貧乏ゆすりをしていたり、フラフラと身体が動いてしまう。

わたしだって、「落ち着き」のある人間になりたかった。でも、十八でこうなのだから、そうなるのは、もう無理なのかもしれない。

「ほな、行こか」

先輩の後をついて、情報センターを出て、大学の構内を歩いて行く。夕方のこの時間、授業の終わった学生で構内は賑やかだ。

最初は大股に歩いていた先輩は、遅れて歩くわたしを振り返り、ゆっくりとした歩調に変える。

構外に出ると、大学の最寄り駅へ向かう歩道を歩く。

見慣れた看板の店に着くと、先輩はドアを開け、わたしを店内に通してくれた。

席に着くと、先輩は次々と食べ物を注文し、ワイシャツの袖をまくりあげた。

すぐに、マルゲリータピザがテーブルに運ばれてくる。シーザーサラダも、チョリソーも、ペンネアラビアータも、ボックス席のテーブルに所狭しと並んでいる。

井上先輩は、ハウスワインを片手に、

「食べや」

と、わたしにフォークとナイフを渡してくれる。

このファミレスは教育大生のオアシスだ。ドリンクバーで何時間も粘れるし、食べ物も、学食とそんなに差がない値段設定になっている。それでも、わたしたちがこんなにたくさん注文することは稀で、だから我々は今日、「豪遊」している、ということになる。

手を合わせ、マルゲリータに手を伸ばす。

チーズがにょーんと伸びて、慌ててフォークでそれをちぎるようにして、一切れを口に入れた。

「お腹すいとったん？」

「はい！　あ、えーと……うん」

「足りなかったらまた注文するし。いっぱい食べ」

わたしの胃袋は、廃棄と親切で成り立っている。コーラを飲みながら、目の前の食べ物に手を伸ばす。

店内では、オーダーする声やコップに飲み物を注ぐ音、話し声などが重なり合って、等価に耳を刺激する。だから、井上先輩が口を開いているのに、声を拾いそこね、手を挙げる姿を見て、誰か知り合いが店に入ってきたのだと知った。

彼の目線を追うと、店の入り口に、「お散歩サークル」の学生たちが入ってくるのが見えた。その中には、小山くんの姿も見える。

うれしくなって、わたしもひらひらと手を振った。親切な人が複数いれば、わたしの大学生活も安泰だ。

けれど、小山くんは顔を曇らせ、学生の群を抜けだし、わたしたちのテーブルにつかつかと歩いてきた。

「何してるの?」

小山くんは先輩の方を向かず、わたしの顔を見つめた。

「何って……ご飯食べてる」

「そういうことじゃなくて……」

彼はますます顔を曇らせた。

「小山、どうしたん?」

井上先輩も怪訝な顔をしている。

「や……何でもないです。ナナ、後でメールするし」

小山くんはそう言うと、またサークルの学生の群に戻っていった。

「小山にも、『ナナ』って呼ばれてるん?」

先輩も顔を曇らせている。

「え？　あー、はい」

チョリソーにフォークを立て、口に運ぶ。楽しく食事したいだけなのに、テーブルには不穏な空気が漂っている。

学生の群は、店の入り口に近いボックス席に収まったようだ。笑い声が、こちらにも届く。

「馴れ馴れしいな」

先輩は腕組みをした。

嫌な予感がする。サラダを口の中に入れたけれど、モソモソした食感がするだけで、味がしない。

彼はワインを飲み干すと、

「行こか」

と言って、席を立ってしまった。まだ食べ物は残っている。それでも、不機嫌そうな先輩に気圧され、わたしも渋々席を立つ。

レジを済ませ、出入り口に向かう途中、先輩は学生たちの座るボックス席の前で足を止めた。

小山くんも、他の学生も一斉にこちらを向く。

「これから、部室で麻雀するんです。一緒にどうです？」

一人が、先輩に声をかける。

「や、今日はええわ。な？」

彼はわたしの顔を見た。

「えーと、うん、はい」

嫌な予感が高まっていく。

たしかに、食事が終わったら、先輩の家に遊びに行こうと話をしていた。けれど、この場でそれを言うのはマズい気がする。

わたしは下を向いた。

「どういうこと?」

わたしに向けられたであろう、小山くんの声がした。

「小山に関係ないやろ」

先輩の不機嫌そうな声も、わたしの頭の上を飛ぶ。

「関係ありますよ。な? ナナ」

リノリウムの床を見る。意識が飛びそうになって、身体を固くする。薄い水色の床は、ぐにゃりと歪んで見えた。

「……どういうこと?」

今度は先輩の声がする。

黙っていると、二人に腕を掴まれ、わたしは店の外に引っ張られた。

夕日があたりを覆っている。まだ強いその日差しを受けて、わたしたちは赤色に染まる。

「小山、こいつとどういう関係なん?」

「先輩こそ。どうなってるんですか？」

「俺はナナと付き合ってるつもりやってんけど」

「え？　俺もそう思ってたんですけど」

「は？」

「どういう事？」

「俺ら、二股かけられてたん？」

二人の声は重なり、わたしめがけて降ってくる。

「……約束してない」

下を向いたまま、声を絞り出す。

「え？」

「付き合うとか、そういうの、約束してないもん」

わたしはただ、仲良くしたかっただけだ。

仲良くしたら、二人に運良く親切にしてもらえた——そう思っていたのに。裏切られたような気持ちで、反論する。

「は⁉」

「お前、なんなん⁉」

二人は店の前で、大声を出す。

男の人の大きな声は苦手だ。うまくいかないことがある度、父はわたしを怒鳴り、手を上げた。片付けができないときも、忘れ物をしたときも、父はわたしを怒鳴り、殴った。二人の声が、その記憶を呼び覚ます。

地面に、涙と鼻水が垂れた。

「泣かれても……」

「泣きたいのはこっちや」

腕で涙と鼻水を拭う。

気がつくと、わたしは走り出していた。

行くあてはない。

でも、とにかくこの場から逃げなくては、と思う。

むちゃくちゃに足を動かし、二人から逃げる。

呼吸する音が頭を満たし、ただ「逃げる」という行為だけが、わたしを突き動かしていた。

*

生きるのが下手な人間は存在する。自分自身が精神的にまだ幼かった頃——十八だったあの頃——を思い出せば、わたしはすぐにそれを理解できる。

紆余曲折あって、わたしは、なるつもりのなかった教職にも就いた。もっとも、今はその仕事も辞めてしまったのだけれど。

そして、四十を越え、立派な中年女性となってから、わたしは、ＡＳＤとＡＤＨＤという診断を受け、生きるのが下手だった自分を振り返り、その理由の一端がわかった気がした。

もちろん、発達障害のある人がすべて、幼かったり生きるのが下手だったりするわけではない。けれど、少なくとも、十八だった頃のわたしは、過剰に幼く、そして生きるのに苦労していた。そして、人間関係に苦労し、多くの人に迷惑をかけた。恥の多い人生だったと思う。

それでも、もし生きるのが下手な発達障害のある女子がいたのなら、わたしが仮託したこの物語を伝え、それを笑い飛ばしてほしいと思う。

第5章
少年期／少年時代

横道　誠

発達障害の診断を受ける時期には、大きな個人差があります。

重度や中度の知的障害が伴っていたら、幼児期に発見されて療育を受けることになりますが、小学校で越えられない壁にぶつかる子、中学校で周りについていけなくなる子、高校でもう限界だと感じる子、大学時代の途中まで耐え抜いた子、社会人になって絶望した人、社会人としてしばらく頑張れたはずなのに、やがて暗礁に乗りあげてしまった人と、じつにさまざまなのです。

周囲の環境と発達障害の特性が噛み合わなくなって、鬱病、双極症、適応障害、社会不安障害、パーソナリティ症などの二次障害を起こすと、精神科医が「これは？」と疑って、あるいはその人自身の「もしかして？」という疑いから、検査を受けることになります。そうして、一次障害としての発達障害が発見されると、晴れて（？）発達障害者として診断されることになります。

日本で発達障害者支援法が施行されて、この障害に関する認知が進んだのは二〇〇五年くらいからですから、それ以前には発達障害の特性が強くても、診断を受けられなかった人がたくさんいます。いまでも発達障害に関する知識が浅ければ、発達障害を見抜けない、つまり誤診する精神科医はたくさんいるから、困ったことなのです。

本章で取りあげるマコトは、四〇歳になった二〇一九年に発達障害、正確には自閉スペクトラム症と、注意欠如・多動症（ADHD）と診断されました。診断を受けるとショックを受ける人もいますが、マコトはホッとした思いが大きかったと語ります。「いままでの人生で体験してきたあれやこれやの謎がすべて解けた！　なんという壮大な伏線回収なんだ」と興奮したそうです。

1．小さな王子

マコトは小さい頃から、すぐに何かに夢中になりました。幼稚園児の頃は『宇宙刑事ギャバン』、『大戦隊ゴーグルファイブ』、『キン肉マン』[*1]などのことを考えると、時間が溶けて消えました。シブがき隊の「ＮＡＩ・ＮＡＩ 16」[*2]を音程の外れた歌声で歌って踊るのが好きでした。ある女の子から「わたしマコトくん好き、だってスカートめくりせえへんもん」と言われたことを覚えています。女の子は「マコトは躾の良い子」と思ったのかもしれませんが、事情はちょっと異なります。マコトは周囲の子どもたちの行動に興味が湧かなかっただけなのです。家は家電の小売店で、店が閉まったあとに、何台ものテレビをつけっぱなしにしてテレビ番組を観るのが好きでした。光と音がマコトを陶酔させました。

マコトには二歳下の妹がいました。活発な子で、小さい頃からマコトは圧倒されました。ケンカして妹に泣かされたこともあります。幼稚園の年中組のとき、給食の毎日のおやつとして、一口で食べられるゼリーが配られていました。それがマコトの舌には抜群においしく感じられたので、食べずに持って帰って妹にあげることにしました。妹がとても喜んだので、マコトは有頂天になって、毎日ゼリーを食べずに持って帰り、妹にプレゼントしました。年長組になると、おやつがゼリーでなく小魚の煮干しに変わったので、マコトは自分で食べることにしました。

小学一年生のときの担任は早田先生（仮名）という、たぶん五〇歳くらいの女の先生で、子どもの頬を引っぱたくのが好きな「熱血指導」の人でした。マコトは叩かれるたびに泣きわめきました。あるときも叩かれ、マコトは鼻血が止まらないまま、ティッシュペーパーを鼻に詰めて帰りました。マコトのお母さんは「指導熱心な先生だ。すばらしいことだ」と先生を褒めたたえました。

一年生のとき、マコトはクラスに友だちが誰もいませんでした。その年に優勝した阪神タイガースをマコトは知りませんでした。早田先生が「みんなも阪神は好きですよね」と発言したとき、みんながわーっと喜ぶので、マコトは混乱しました。家の近所には、友だちが二人いました。どちらもマコトより年上で、ひとりにはむしろいじめられていました。

父親は子どもたちと関わるのが不得意で、母親は子どもたちに暴力を振るうことが、躾として重要だと信じていました。マコトは非常に頻繁に暴力を振るわれました。母親は近所づきあいが苦手で、友だちと言える人もいませんでした。成長したマコトは、母親も発達障害者なんだと気づいて

＊1　『宇宙刑事ギャバン』（原作：八手三郎、全四四話）および『大戦隊ゴーグルファイブ』（原作：八手三郎、全五〇話）は、ともに一九八二〜八三年にテレビ朝日系列で放送された特撮テレビドラマ。アニメ『キン肉マン』（原作：ゆでたまご）は、一九八三〜八六年に第一期として『キン肉マン』（全一三七話）が、また一九九一〜九二年に第二期として『キン肉マン キン肉星王位争奪編』（全四六話）が日本テレビ系列で放送。
＊2　シブがき隊「NAI・NAI 16」（作詞：森雪之丞、作曲：井上大輔）一九八二年。

います。マコトの慰めは、同居していた父方の祖母のイマばあちゃんでした。マコトの「マ」とイマの「マ」はなにか関係があるのだろうか、とマコトは思案しましたが、特に関係はありません。イマばあちゃんが毎日のようにマコトに駄菓子を買ってくれ、マコトは晩ごはんを食べるのがイヤでした。母親はイマばあちゃんを厄介に思っていて、よく不機嫌そうにしていました。

小学二年生の夏に大阪城の東にある区から、大阪湾の埋立地の団地に引っ越しました。整備されていない草むらがたくさんあって、土や植物や池の香りが立ちこめていて、昆虫の宝庫でした。マコトは虫に興味がありましたが、以前の住宅地ではほとんど見つからなかったので、歓喜しました。マコトは学校から帰ると、毎日昆虫を探しに行きました。捕まえて飼育するのですが、カマキリがバッタや蝶などを食いつくしたあと共食いを始め、よく全滅しました。殺して標本にすることもありましたが、文房具屋で買った標本作成用のキットにドキドキしました。毒液を注射器に注ぎ、その針を昆虫の胴体に突きさすとき、犯罪者になった気がしました。

転校した最初の日のことをよく覚えています。自己紹介をすると、「男なん？　女なん？」と質問されました。一〇歳に満たない頃、男子や女子の区別は曖昧なものですが、マコトはなおさら男の子っぽくない印象を与えたようです。家でアニメを見ていても、女の子向けの作品は、男の子向けの作品と同じくらいにマコトを魅了しました。男の子向けの番組では、特に『聖闘士星矢』[*3]が好きでした。女の子向けのアニメでは、『はいからさんが通る』[*4]、『ときめきトゥナイト』、『魔法のプリンセス　ミンキーモモ』、『魔法のスター　マジカルエミ』などが好きでした。男の子向けのものは騒がしい印象の作品が多いので、女の子向けの作品に救われました。

転校してからじきに、マコトはクラスでいじめられるようになりました。元気で活発な男子たちから、意地悪なことを言われて、仲間はずれにされました。担任の倉山先生（仮名）は二〇代の若い先生で、なんとなく頼りない女の人でしたが、早田先生と逆に温厚なので、マコトは好きでした。半年が過ぎて冬になってもいじめがやまないので、母親が担任に相談し、ホームルームでこの問題が取りあげられました。教室がシーンとして、マコトは恥ずかしいような気がしてうなだれました。でも、それからはいじめが終わりました。意外だったのは、いじめっ子グループのナンバー2だった小暮くんが親友になったことです。

一年生の春、弟が生まれていたことを、まだ書いていませんでしたね。とても利発な子で、顔立ちも整っていたので、赤ちゃんのときから家族のアイドルでした。マコトは容姿を褒められることがなく、どんくさい子どもだったので、弟を自慢に感じました。三年生のときに国語の教科書に「きかんしゃ　やえもん」[*5]という読み物が載っていたことを覚えています。年寄りの機関車やえもん

＊3　アニメ『聖闘士星矢』（原作：車田正美、全一一四話）は、一九八六～八九年にテレビ朝日系列で放送。
＊4　アニメ『はいからさんが通る』（原作：大和和紀、全四二話）は一九七八～七九年にテレビ朝日系列で、アニメ『ときめきトゥナイト』（原作：池野恋、全三四話）は一九八二～八三年に日本テレビ系列で、アニメ『魔法のプリンセス　ミンキーモモ』（総監督：湯山邦彦、全六三話）は一九八二～八三年にテレビ東京系列で、アニメ『魔法のスター　マジカルエミ』（監督：安濃高志、全三八話）は一九八五～八六年に日本テレビ系列で放送。
＊5　阿川弘之（文）、岡部冬彦（絵）『きかんしゃ　やえもん』岩波書店、一九五九年。

は駅に停まっていると不機嫌そうに「ぷっすん、ぷっすん、ぷっすん、ぷっすん……」となります。走ると、「しゃっ　しゃっ　しゃっ　しゃっ　しゃっ　しゃっ　しゃっ　しゃっ　しゃっ　しゃくだ　しゃくだ　しゃくだ……」と叫びます。同じくらい年寄りの客車がうしろから「ちゃんちゃん　かたかた　けっとん」「とっても　つかれて　けっとん」「ほんとに　いやだよけっとん」などと語りながら線路を走ります。この物語を家で音読していると、弟が特に「けっとん」の連発に爆笑しました。マコトは興奮して、毎日欠かさず弟に読み聞かせました。弟が飽きて反応しなくなると、その習慣は終わりました。

マコトは、ものを立体的に把握するのが困難でした。動けばすぐにどこかにぶつかり、生傷が絶えません。手先も不器用だから、すぐにものを落としたり、食事中に食べ物をこぼしたりしました。マコトは給食の時間に「この世には二種類の人間がいる」という真理を発見しました。人間には、食べるときにほぼ必ず食べ物をこぼす者たちと、ほぼ必ず食べ物をこぼさない者たちとの二種類がいるという真理です。なぜそうなのか、その謎はマコトが四〇歳になって発達障害の診断を受け、この障害について調べてみるまで、長年にわたって全人類史的な秘密と感じられました。

2．第二次性徴期前夜

小学三年生のときに、マコトには印象的な成功体験がありました。この学年でもいじめめいたものに苦しんだのですが、あるとき流行していた志村けんのモノマネをして、周りで爆笑されたのです。それから、「おもしろいやつ」という扱いになり、境遇ががらりと変わりました。小学生のときは足の速い男子が人気者ですが、大阪ではそれを上回る人気者がお笑い芸人の卵なのです。やはり流行していたマイケル・ジャクソンの真似もして、それもとても人気を博しました。

三年生のときに、もうひとつの成功体験がありました。それは「感覚を無にしてやりすごす」という能力の獲得です。マコトにとって毎日の給食の時間はたいへんな苦痛でした。食べられないものが多くて、みんなが食べ終わって掃除を始めても、マコトは泣きながら嫌いな野菜を頬張りました。みんなが見ていないときには、ノートからちぎっておいた紙にそっと吐きだして、丸めて机のなかに放りこみ、あとからこっそりゴミ箱に捨てました。しかしある日、「自分はなんでも食べられるようになった（ことにする）」と念じて、嫌いなものをパクパク食べました。するとなんと、ほんとうになんでも食べられるようになったのです。マコトは「自分はなんでも食べられる」と豪語し始め、クラスメイトから「じゃあ焼きそばに牛乳かけて食べて」とリクエストされてしまったのですが、それも我慢しながら眼をつむって食べることができました。

マコトがこの技を身につけることができたのは、家庭が過酷だったからでした。引っ越してから父親は電気工事業に鞍替えしていたのですが、家に帰らなくなり、よそに愛人をつくっていました。母親は以前から関心のあったカルト宗教に心を奪われてしまいました。その宗教は、信仰し教えを守れば、家族は楽園で永遠に生きられると布教していました。母親は少女時代は裕福な家庭に育ったのに、高校生のときに不慮の事故で父親を亡くして、人生が暗転した人でした。楽園で父親に会いたい、夫が家庭に戻ってきてくれて、家族で永遠に生きたいという思いから、このカルト宗教に入信してしまったのです。こうしてマコトの少年時代は暗黒に染まりました。そのカルト宗教が、子どもを日常的に身体的および精神的暴力によって屈服させ、洗脳することを肯定していたからです。マコトは毎日のように正座をさせられ、自己批判を促され、臀部を固いガスホースで乱打され、抱きしめられて「愛しているからやっている」と言われて、心がバラバラに壊れていきました。落ち着いて座っているのが苦手なので、毎週三回の集会でも、家での聖典の勉強会でも、動きまわりたくて苦しみました。うまくおとなしくできないと、また暴力を振るわれました。

いじめっぽいことがイヤで学校は嫌いでしたが、家にいると何が母親を激昂させるスイッチになるかわかりません。ですから、マコトには不登校になる選択肢がありませんでした。朝は学校にひとまず登校して、休み時間になると学校を脱けだして、街を徘徊しました。平日の昼間から小学生が街をうろうろしていると、それなりに目立つのではないかと思うのですが、マコトは「忍法・誰にも見えていないフリ」をしているから、実際に誰にも見えていないのだと考えました。不思議なことですが、補導されたことは一度もありませんでした。そういう「ゆるい」地域だったのでしょうか。

小学三年生の夏休みに、鼠径ヘルニアの手術をしました。手術前に入院したのですが、病院の書架に手塚治虫のマンガ『ブラック・ジャック[*6]』が並んでいるのを見て、読みました。ジャケットには「恐怖コミックス」と銘打たれていて、怖がりのマコトには、内臓や血液が露出する手術の場面がほんとうに「恐怖」でした。それで施術の日、仰向けのままベッドで手術室に運ばれながら、マコトは泣きじゃくりました。脊髄注射がとても痛かったですが、それはマコトの感覚が過敏だったからか、誰でも痛いものなのかはわかりません。手術そのものはあっさり終わりました。それから数日のあいだ、病室には大好きなイマおばあちゃんや、父親や、親戚の叔父さんたちがマンガ雑誌やプラモデルをつぎつぎに運んでくるので、「こんなに豪華な生活は初めてだ」とマコトは驚きました。たくさんおやつを与えられて、この頃からマコトは太っちょになりました。

いま思えば、小学三年生のときにはいろんなことがありました。人生の分岐点だったかもしれません。この学年の理科の教科書で、水辺の生き物を学んだとき、きっとマコトの知識はクラスの誰よりも進んでいたでしょう。見開きのページに「エビのようせい」と書かれている箇所がありました。うしろの席の男子に「ようせいって何？」と尋ねられたので、「カニやカエルは幼虫じゃなくて、幼生っていう」と答えました。彼は、マコトはきっとデタラメを言っているのではないかと邪推したらしく、さっと手をあげて、「マコトがそう言ってるけど、ほんとうですか」と担任の有村先生（仮名）に尋ねました。有村先生は「いや、それは違うでしょう」と言ったので、教室中で爆

＊6　手塚治虫『ブラック・ジャック（全二五巻）』秋田書店、一九七四〜九五年。あわせて、同じく秋田書店から「豪華版」や「新装版」、講談社からも「手塚治虫漫画全集」「手塚治虫文庫全集」など、さまざまな形で刊行されている。

笑が起きました。マコトは傷つきましたが、その日の夜、先生がマコトの家に訪ねてきて、おみやげのお菓子を差しだしながら、「自分の知識が足りなかった」と平謝りをして帰っていきました。

マコトは街中の張り紙でも生協のカタログでも、店舗で見る商品名でも、文字という文字を読みたがりましたが、じつは本を読むのにとても苦労しました。暇で本を開くと、視線があちこちにうろうろして困るのです。しかし声に出して朗読すると、すぐさま興奮状態になって、時間が溶けて流れました。何を読んでいるのか把握できないまま、入神状態になりました。でも速くたくさん読みたいから、朗読するのはまどろっこしく、悩みました。マコトは次第に、じっくり読むべき本とささっとめくっただけで「読んだことにしておく」本の区別を心がけるようになりました。図書室や図書館に行くと、興味を引かれる本を棚からどっさり集めてきて、まずは一冊ずつサーっとめくって、知ってる情報が多そうな本は、流し読みで済ませます。知らない情報がたくさんの本は、そこでじっくり読むか、借りだしました。おもしろい記述は、ノートに記録しました。

マコトは凝り性だったので、夏休みの宿題が好きでした。ところが、集中力がなく、飽き性でもあるため、壮大な計画を立てて、いそいそと取りかかるのですが、思うようにいかないと、すぐに投げだしてしまいました。それに手先が不器用なので、工作をしてもきれいに組みたてられず、絵を描いても、うまい線を引いたりきれいな色を塗ったりできず、文章を慎重に書いても文字がぐちゃぐちゃになりました。それで、余計にやる気がなくなりました。

3．いざ思春期へ！

小学四年生から五年生くらいまで、マコトはファミコンやスーパーファミコンの魅力に捉えられ、余暇のすべてがゲームに呑みこまれました。家庭内に初めてコンピューターゲームが到来し、日本中の子どもが（一部のおとなも）夢中になっていた時代です。指を高速で動かしながらコントローラーを操作するアクションゲームにも惹かれましたが、マコトはいくら挑戦してもうまく操作できませんでした。作りこまれた世界に没入しながら、落ちついて進めることができるＲＰＧ（ロールプレイングゲーム）は、マコトにぴったりでした。小学四年生のときに夢中になった『ドラゴンクエストⅢ　そして伝説へ…』[*7]は、誰もが認める名作です。

マコトは、たまに帰ってくる父親にせがんで毎週『週刊少年ジャンプ』を買えるだけのお金をもらいました。いつもはお寝坊さんなのに、月曜日の朝だけは早起きして、駅前のキオスクに行って、一冊一七〇円とか一八〇円とかの『ジャンプ』を買いました。マンガの雑誌や単行本をいろいろ買うだけのお金はもらえなかったので、『ジャンプ』を隅から隅まで、広告まで含めて読みこみまし

＊7　『ドラゴンクエストⅢ』は、一九八八年にエニックス（現：スクウェア・エニックス）より発売されたファミリーコンピュータ用ロールプレイングゲーム。ドラゴンクエストシリーズの三作目で、堀井雄二の脚本・ゲームデザイン、鳥山明のキャラクターデザイン、すぎやまこういちの音楽などにより爆発的な人気となり、発売日には店の前に数キロメートルの行列ができるなどの社会現象を巻きおこした。

た。理解できない情報に接すると、紙に単語をメモしておいて、学校の図書室や公立の図書館で調べました。調べると、また新しい情報や知識に出会うので、調べ物は無限に続くのですが、マコトはバリバリやる気を出しました。

マコトは四年生から六年生まで、学校のサッカー部やマンガ部に入っていました。サッカー部はつらいことしかありませんでしたが、例の親友、小暮くんがサッカー部だったので、少しでも長く一緒にいたかったのです。マンガ部ではマンガを読むのではなく（それは禁止されていました）、自分で制作するのですが、マコトは三ページくらい描くのがやっとでした。それも専用のペンや墨汁を使うのではなく、鉛筆で描くくらいでした。マコトは同じ頃、そろばんと水泳も習わされました。算数がぜんぜんできず、運動神経も悪かったので、母親が不安になったのです。しかし、どれだけ練習してもそろばんや水泳は上達しませんでした。あまりに進級が遅いので、一定期間が過ぎるとお情けで進級させてくれました。そろばんの先生や水泳のコーチが何も言わなくても、マコトにはちゃんとわかっていたのです。だって、進級すると上級者のなかに、ひとりだけレベルの低いマコトが混じることになったからです。挽回しようと懸命になったものの、結局は余計に苦痛な時間が増えて、マコトはどちらも中途半端でやめてしまいました。

小学四年生のときに、マコトはある悪徳を覚えました。それはオナニーです。これを「悪徳」と呼ぶのは現代の日本ではおかしなことかもしれませんが、マコトが教えこまれていた宗教では「悪徳」とされていました。夜になると、真性包茎の陰茎を包皮の上からこすって射精しました。はじめは『聖闘士星矢』に描かれた少年同士が、エロティックに体を絡めて凍った体を温める場面に興奮していました。アニメ『ぼくパタリロ！』[*8]（夕方の再放送）の最終回の二話もよく覚えています。美少年や美青年、スパイ組織に属する男三人の「寝取られ」模様の描写が、なまめかしいベッドシーンを交えて描かれていました。

あるときマコトは偶然、洋服箪笥の奥に『エスカレーション２　禁断のソナタ』[*9]と題する一八禁ビデオソフトがあるのを発見して、宝物を発見した気分でビデオデッキで再生しました。おそらく家業が家電小売店だったときに、店頭の最新型テレビから流して、最新型ビデオデッキの販売を促進するための素材だったのだと思います（そういう「エッチな」映像も店頭で流される時代だったのです）。裸体のかわいい女子高生たちが口づけしながら、エロティックに互いの乳房や股間を愛撫したり、ＳＭ調教をしたりする内容で、マコトは未知の世界にとても興奮しました。それ以前からマコトは女の子向けのアニメも好きでしたが、その映像を見てからはアニメで女の子たちがいると、やたらとドキドキ意識するようになったのでした。

五年生のときにマコトが覚えた別の悪徳は、立派な犯罪でした。マコトは決まったおこづかいをもらえなかったので、欲しいものがあったときは、安くて内容上でも親から理解を得られそうだと

＊８　アニメ『ぼくパタリロ！』（原作：魔夜峰央、全四九話）は、一九八二〜八三年にフジテレビ系列で放送。
＊９　『エスカレーション２　禁断のソナタ』は、フェアリーダストが制作し、創映新社が一九八五年に発売した日本のアダルトアニメビデオ作品。

相談しました。あるときには許可され、あるときには拒否されていました。学校でいじめに遭い、家では母親から毎日のように暴力を振るわれ、日中は街を徘徊していたマコトは、学校が終わる時間帯になると、ときどきショッピングセンターに行って、万引きをするようになりました。駄菓子屋、文房具屋、玩具屋、書店などで、マコトの心を捉えた商品があると、マコトはそっと服をまくって、その商品を服と肌のあいだに入れて盗みました。

六年生のときには、「小説」という言葉を知りました。友だちが本を読んでいるので、何を読んでいるのかと尋ねると、「小説」と回答されたのです。マコトはその言葉がわからなかったので、字を教えてもらいました。「小さい説」という字面《じづら》からは何を意味するのかわからなかったので、図書室に行って調べると、子ども向けに書かれたのではない本格的な物語のことらしいと理解できました。なぜ物語が「小さい説」なのだろうか、とマコトには不可解でした。日本語は字面で意味がわかる単語が多いだけに、そうでない単語にマコトはいつも困惑しました。友だちが読んでいたのは、いまの言葉で言うライトノベルだったのですが、何冊か貸してもらえて、「こんなにおもしろい本があるのか！」と驚きました。

世の中には子ども向けの物語と大人向けの物語があることがわかってきたので、大人向けの物語を読もうとしました。書店に行って、それまでは関心が湧かなかったコーナーを見て回ると、たくさんの小説が売られていることがわかりました。マコトは公立図書館にも、そういう（学校の図書室にはなかった）大人向けの本がたくさん置いてあることを知りました。そこで、そういう本でおもしろそうなものを読むことにしました。人気のある図書を並べたコーナーにおいてあった村上春樹の『ノルウェイの森』[*10]を読んで、「うわあ、気持ち悪い」と思いました。初めはライトノベルが好きでしたが、しばらくすると、このジャンルに飽きてしまいました。

マコトは文章を書くのが好きでしたが、学校の先生から文章を褒められたことは一度もありませんでした。作文がうまくなりたいと思ったので、トーベ・ヤンソンのムーミン谷シリーズに含まれた短編「世界でいちばんさいごのりゅう」をノートに書き写して、夏休みの自由研究にしました。真似た挿絵がじょうずだと先生にびっくりされました。実際にはマコトの絵は文章同様にヘタだったのですが、なんとなく特徴をサッと捉えるのが、少しだけうまかったのかもしれません。マンガやアニメへの嗜好が美術への関心に育って、画集を眺めるのが好きになっていました。図工の時間は夢中になって水彩画を描きましたが、いつもうまく描けませんでした。

4．歴史少年

小学五年生の新年に天皇が亡くなって昭和が終わり、翌月には手塚治虫の死が報道されました。リバイバルブームで手塚の本が書店のマンガコーナーにたくさん出現したので、興味をもったマコ

＊10　村上春樹『ノルウェイの森』講談社、一九八七年。

トは公立図書館で探して読みました。マコトにトラウマを残した『ブラック・ジャック』も手塚の作品だと知りました。『火の鳥』[*11]や『ブッダ』[*12]を読んで、内容に感動しました。そして、手塚の絵柄はその時代、つまり一九八〇年代の『週刊少年ジャンプ』に掲載されているどのマンガよりも洗練されている、とマコトは感じました。そこにはシンプルさの美がありました。手塚治虫の系譜を引く石森章太郎（当時はすでに石ノ森章太郎に改名していました）や二人の藤子不二雄のマンガにも似たような性質があると感じて、たくさん読みました。このレトロ趣味が、マコトの人格形成の最大の柱だったと思います。

自分が生まれていなかった時代にはすごいものがたくさんある、とマコトは思いました。冷静に考えれば、それは当たり前です。マコトが生きてきたのは一〇年くらいで、それ以前の人類の歴史は数千年、戦後の歴史だけに限っても五〇年近くあったわけですから、マコトが生きてきた一〇年よりも、その前の時代に生まれてきた創作物のほうが量が豊富なのは当然のことなのです。しかし、この「昔はすごい」という思いから、マコトは歴史の勉強にのめりこみました。

マコトが五年生の夏頃から、「東京・埼玉連続幼女誘拐殺人事件」によって逮捕された宮崎勤の猟奇的な犯罪に日本中が震撼しました。彼がアニメ、ホラー映画、児童ポルノなどの愛好家だったことが報道され、数千本のビデオテープのコレクションが、悲鳴のような中継を伴ってお茶の間に流されました。さまざまな創作者や版権会社が「有害」な著作物の自主規制を求められるようになりました。アニメ好きで収集癖のあったマコトは、母親の態度がそれまでよりも、もっと厳しくなったことに苦しみました。マコトは「未来の宮崎勤」にならないように監視されたのです。いつも机や本棚が漁られ、怪しいもの（たとえばアニメ雑誌の付録についていた、エロティックな美少女のポスターなど）は暴きだされ、母親は半狂乱になってマコトを罵倒し、破りすて、泣きじゃくるマコトをガスホースで殴り続けました。マコトは母親を殺してやりたいという思いを抑えなければいけませんでした。そのように思ったら、素直なマコトはそのような顔つきになります。そして母親はそれを見抜いて、余計に逆上するのです。マコトは暴力を受けながら、自分の母親は本質的にもう死んでこの世にいないのだ、眼の前にいる人はゾンビのようなものなのだと思うことにしました。そのときの冷たい気持ちを、マコトはそれから三〇年が経っても失っていません。

六年生になると、マコトは一年にわたって『ふしぎの海のナディア』[*13]というテレビアニメに魅了されました。その時代のテレビアニメの子どもっぽさに飽きつつあった頃です。こんなにすごいアニメを作る人がいるのだと驚いて、同じ監督の『トップをねらえ！』[*14]という作品もレンタルビデオ

＊11　『火の鳥』は、手塚治虫がマンガ家として活動を始めた初期から晩年まで手がけられており、手塚治虫がライフワークと位置づけたマンガ作品（連載期間：一九五四～八八年）。現在入手できるものとして、朝日新聞出版（二〇〇九年、全一一巻＋別巻）のものなどがある。

＊12　手塚治虫『ブッダ』（全一四巻）潮出版社、一九七四～八四年。その後、同じく潮出版社から「愛蔵版」や「新装版」、講談社からも「手塚治虫漫画全集」「手塚治虫文庫全集」など、さまざまな形で刊行されている。

＊13　『ふしぎの海のナディア』（総監督：庵野秀明、全三九話）は、一九九〇～九一年に日本放送協会（ＮＨＫ）で放送された、ジュール・ヴェルヌによるＳＦ小説『海底二万里』および『神秘の島』を原案としたテレビアニメ。

ショップで探し、鑑賞して、同じくらい感動しました。その監督の名前は、当時はまだ熱心なアニメファンのあいだでのみ有名だった庵野秀明でした。どちらの作品にも肌の露出が多い美少女のエロティックな描写が含まれていたため、マコトはビデオで録画しておいて、母親が留守のときに鑑賞しなければいけませんでした。庵野監督の作品には、あちらこちらに古いマンガ、アニメ、特撮番組などのオマージュが仄めかされていることが感じとれました。そこでマコトはそういうものをなるべくたくさん理解したいと思うようになりました。マコトは書店で情熱的なアニメファンに向けて作られた設定資料集を立ち読みし、それほどおもしろいと思えない古い特撮番組をレンタルビデオショップで借りて見て、深夜のラジオ番組で「知る人ぞ知る」というようなマイナーなアニメ作品の楽曲を聴き、カセットテープに録音して収集しました。

六年生の終わりには、小暮くんとの別れがありました。彼が中京圏に引っ越しすることになったのです。マコトは二人のいろんな思い出を一冊のノートに書いていきました。好きな曲の歌詞や宮沢賢治の「やまなし」[*15]も筆写しました。創作した四コママンガも描いて完成。そのノートを最後に会った日に贈りました。友だちを作るのがヘタなだけに、マコトにとってはその親友の存在感は絶大で、心が破れそうでした。

マコトは公立の中学に進学しましたが、一年生のときには二つの転機がありました。一つは、進学する前後に母親から今後の信仰はマコト自身に任せると言われたことです。男の子のマコトは身長が高くなり、もう母親の背を追い抜いていました。母親も、もはや力づくでマコトを思いどおりにするのは困難でした。二〇年くらい経ってから、「中学生になる頃には、もう頭の中身がかなわなくなっていた」とも言うのを聞きました。カルト宗教から解放されたときは、マコトは人生でいちばん幸せだったような気がします。

二つめの転機は、万引きがバレたことでした。冬になり、二人の友だちと初めて大阪の電気店街に遊びに行ったときのことです。マコトはそれまでに見たことがないくらいの多くのゲームソフトに囲まれました。そういう高価なものはそれまで盗んだことはなかったのに、またコンピューターゲームにもほとんど飽きていたのに、マコトの眼はくらみました。友だちがすぐそばにいるのに、マコトはゲームソフトを盗んで逃げようとし、ブザーが鳴って店員が駆けつけました。困惑しきってマコトを見つめる二人の友人の顔を、マコトはいまでも忘れることができません。家に連絡が入り、帰宅すると両親がいて、お通夜のようでした。いつもマコトを叱るのは母親でしたが、そのときは父親がマコトと話をしました。そして、毎月三〇〇〇円のおこづかいを渡すと言われました。定期的におこづかいをもらえる生活は初めてで、マコトは万引きから足を洗いました。何より、友だちの前であれほど恥ずかしい体験はもう二度としたくありません。

街を徘徊すると、欲しいものが増えます。もう万引きはしないから、おこづかいで買わなければ

＊14　『トップをねらえ！』（原作：岡田斗司夫、監督：庵野秀明、全六話）は、一九八八〜八九年にオリジナルビデオとして製作・販売されたＳＦロボットアニメ。
＊15　宮沢賢治「やまなし」『宮沢賢治全集８』筑摩書房、一九八六年。

いけません。そして、おこづかいには限りがあります。ですからマコトは、無料でできる歴史の勉強と、図書館で借りた小説の読書に耽るようになりました。インターネットが普及していない時代ですから、マンガやアニメに関する知識の収集には、関連書籍の購入や、レンタルショップでのビデオソフトやCDの借り出しが必要です。マコトのおこづかいの使い先は、ここに集中しました。

すでに一年生の夏休みに、ドイツについておもしろいと思った情報を詰めこんだ壁新聞を作って、自由研究として提出していました。マコトらしい凝りようだったのは、全体が統一ドイツの形になるように模造紙を切りだしていたことです。その前の年に、東西に分断されていたドイツが、統一国家として再出発したばかりでした。二年生の夏休みには、図書館の本を一〇冊以上も使って、全長五〇メートルに達する巻物状の「日本城郭年表」を作りあげました。弥生時代からゆったり始まり、源平時代などを越えて、クライマックスの戦国時代の記述では興奮しきりでした。平穏だった江戸時代に入ると熱意は消えてゆき、明治元年で記述を終えました。その夏は肺炎で入院もしたのですが、マコトはこれでは自由研究を完成させられないと思って泣きました。無事に完成した長大巻物は教師たちや同級生たちに衝撃を与え、文化祭のときに大々的に展示されました。

中学二年生のときに、マコトはクラスメイトのなかに異様なほど気が合う男子がいるのを発見しました。その相手、國原くんとは、休み時間ごとに夢中でおしゃべりをせずにはいられませんでした。ひとつには歴史への愛好という共通点がありました。彼がコンピューターゲームの『三國志』や『信長の野望』[*16]に夢中になっているので、マコトも中古でソフトを買って、やりこみました。アニメ好きなところも共通していました。二人とも『らんま1／2』[*17]という作品が好きで、男女間の性転換を繰りかえす主人公の女側を演じる女性声優のファンになって、ラジオ番組を聴いたりCDを買ったりしました。またマコトは新しく始まっていたアニメ『美少女戦士セーラームーン』[*18]のマニアになっていて、セーラームーンのトレーディングカードにおこづかいを費やしました。かつて夢中だった『聖闘士星矢』と共通する面があって、宇宙空間やヨーロッパの神話を作品のモティーフにしていました。また数年前に観た一八禁アニメの影響で、美少女がたくさん出てくると、少女同士のエロティックな関係性が想像されて、心がときめくのでした。

中学では母親が通信教育の教材を買って習わせてくれました。国語と社会と理科（数学が関係しない学習事項のみ）が得意で、英語と数学と理科（数学が関係する学習事項）が苦手でした。マコトの通知表には、「1」から「5」まですべて揃っていました。マコトが住んでいた大阪府では、地区ごとに公立高校の序列が完全にはっきり決まっていて、三年生になると総合的な学力に合わせて高校を選びます。マコトは得意な科目では学年トップクラスでしたが、不得意な科目では劣等生で

＊16　『三國志』（一九八五年～）および『信長の野望』（一九八三年～）は、ともにコーエーテクモゲームス（旧・光栄、コーエー）が発売する歴史シミュレーションゲームシリーズ。

＊17　アニメ『らんま1／2』（原作：高橋留美子、全一六一話、「熱闘編」を含む）は、一九八九～九二年にフジテレビ系列で放送。

＊18　『美少女戦士セーラームーン』（原作：武内直子、全二〇〇話＋スペシャル一話）は、一九九二～九七年にテレビ朝日系列で放送されたテレビアニメシリーズ。

したから、序列第一位の高校はすぐに諦めました。序列第二位の高校に入って、のんびり好きな勉強をしながら生きていこうとマコトは決意しました。将来の夢は『昆虫記』[*19]のファーブルのような学者になって、自分の興味のままに研究を続けていくことです。

5. その後のこと

進学した高校に制服がなかったことは、マコトにとって大きな喜びでした。中学の三年間、毎日制服を着て生活していて、こんなに息苦しいものは嫌だと強く反発していたからです。首筋も手首も脇腹も締めつけられ、朝から夕方までずっとつらかった。「自由」を標語に掲げる校風だったので、マコトは毎日のように昼から登校、あるいは昼から中途の下校を繰りかえし、古本屋、ビデオとCDのレンタルショップ、アニメショップなどを回っては、毎月五〇〇〇円に増えたおこづかいを日々慎重に使いました。自分の知らないものに出会うとメモして、学校の図書室や公立図書館で調べ物に耽るのは変わりませんでした。

一年生のときには、友だちとクイズ研究会を作って雑学の知識を競いましたが、マコトはクイズ王選手権などの本を図書館でたくさん借りて情報を暗記していき、古本屋でも一〇〇円で集めました。すぐに部内で実力ナンバーワンになって、飽きました。それでも一年生のときと二年生のときに、友だちと三人でチームを組んで、全国高等学校クイズ選手権に出場したのは良い思い出です。

あの頃を思いだすと、当時よく耳にしたJUDY AND MARYの「Over Drive」[*20]が頭のなかに流れます。

高校二年生のときは『新世紀エヴァンゲリオン』[*21]が放映されて、それはマコトの人生に最大の楔のようなものを打ちこみました。衒学的なこの作品でドイツ語がよく使われていたことが、マコトが大学でドイツ語を学んだ理由です。そしていまのマコトはドイツ語を教えるドイツ文学者です。また自分が生まれていなかった時代の少女マンガの収集家になり、五冊一〇〇円という破格の安値で売っている古本屋を毎日訪問して、大量に集めました。少女マンガ家の影響関係を緻密に分析することは、マコトにとって研究者としての本格的な訓練の始まりと言えました。時代は平成初期でしたが、マコトは流行にほとんど関心がなく、自分が小さかった頃や生まれていなかった頃のアイドルたち（男女とも）の曲を、レンタルショップのCDを借りてダビングすることで、収集しました。これらの曲の考察も、マコトを学者の卵として成長させました。

そうして、マコトの高校生活は楽しいことばかりになり、授業はサボって好きな研究に打ちこん

＊19　ジャン・アンリ・ファーブル、奥本大三郎（訳）『ファーブル昆虫記 完訳（全一〇巻：二〇分冊）』、集英社、二〇〇五～一七年。ほかにも、複数の出版社で刊行されている。
＊20　JUDY AND MARY「Over Drive」（作詞：YUKI、作曲：TAKUYA）一九九五年。
＊21　アニメ『新世紀エヴァンゲリオン』（原作・監督：庵野秀明、全二六話）は、一九九五～九六年にテレビ東京系列で放送。

だ結果、大学受験に失敗して浪人することになりました。大学浪人中の話も、大学時代の話も、まだまだ語りたいことはたくさんあります。中学二年生のときから浪人時代までの六年間、毎日のように國原くんと会話できたのは、マコトにとって大きな喜びでした。

しかし、もう紙幅が尽きましたから、ここらでやめておきましょう。マコトという発達障害児、ニューロマイノリティがどんなふうだったかは、だいたい伝わったのではないかと思います。マコトは成長しても凝り性だから、この文章に「少年期／少年時代」と名づけました。「少年期」[*22]は藤子・F・不二雄原作のアニメ映画『ドラえもん　のび太の宇宙小戦争（リトルスターウォーズ）』[*23]に採用された主題歌です。『少年時代』は藤子不二雄Ⓐの代表作の一つで、映画版[*24]の主題歌として採用された井上陽水の同名曲「少年時代」[*25]は、マコトの世代では原作マンガや映画よりずっと有名です。二人の藤子不二雄がマコトは大好きで、こういうふうに、あるときは協働で、あるときはバラバラに仕事をした人を深く研究したいと思い、成長したマコトはグリム兄弟についての壮大な論文を書き、それによって京都大学から文学博士の学位を授与されました。

＊22　武田鉄矢「少年期」（作詞：武田鉄矢、作曲：佐孝康夫）一九八五年。
＊23　映画『ドラえもん　のび太の宇宙小戦争（リトルスターウォーズ）』（原作：藤子・F・不二雄、監督：芝山努、配給：東宝）一九八五年。
＊24　映画『少年時代』（原作：柏原兵三・藤子不二雄Ⓐ、総監督：小田久栄門、配給：東宝）一九九〇年。
＊25　井上陽水「少年時代」（作詞：井上陽水、作曲：井上陽水・平井夏美）一九九〇年。

第6章

怪獣たちのくるまえに

青山　誠

私たちは日々保育のなかで混じり合いながら共に暮らしています。とってもぼんやりした一文ですので、具体的な風景をひとつ。

たとえば蛇口をひねることについて。療育や、初等教育では、仮に蛇口をひねりづらい子がいたとしたら、どうやったら蛇口をひねれるか、ひねりやすくなるかをときには教えてもくれ、ときには訓練をさせるかもしれません。では保育ではどうなるか。蛇口をひねりづらい子がいたとする。そうしたら後ろに並んでいた子が「手をあらいたいの？」と言って、蛇口をひねってくれます。それも、最初ぐいっと蛇口をひねると水は勢いよく出ますので、また少し蛇口を戻してゆるやかな水量に調節してもくれます。こんなことはいつでも、保育の中で見られる当たり前の風景です。保育では、その子が何が「できる」か「できない」かということ以上に、そこにいる「私たち」で「どう暮らせるか」が当たり前にあります。

こんなシンプルなことが、ひとたび園を出るととても難しい。子どもたちは「私たち」から切り分けられ、それぞれが個々に何ができるかできないかという視線に晒されます。それだけではなく、どの子がどの子よりもどうできるかできないかと比較すらされ、競争をあおられることさえしばしばです。

こうしたことに、「私たち」が保育で共に生きた時間との、ひびや裂け目をいつも感じています。だからといって、これは一概に学校や世間への批判ではないのです。そうではなくて、ただ「私たち」がどう暮らし、そこに裂け目がどのようにあらわれてくるのかを、みなさんとともにつくづく眺めてみたいのです。私たちはぐちゃぐちゃと共に暮らすなかで、それぞれがそれぞれにまるで宇宙人のように多様であったり、それゆえお互いに「ずれ」や葛藤が生じたり、そんなことは当たり前で、わざわざ価値づけるほどのことでもないほどです。でも保育以後の世界では、その多様性に優劣がつけられ、どちらかが多数で「ふつう」とされ、誰かがマイノリティで「ふつうじゃない」とされて、「私たち」から切り分けられていきます。

以下に書き綴ることは私の同僚たちが書いた実際の保育日記をもとにしたフィクションです。一見するとたんなる作り話のようにも感じられるかもしれませんが、私としては「裂け目」をいかに忠実にあらわせるかに心を砕いたつもりです。

くにかみ保育園　元職員　〇〇春子　記

その頃私は横浜の短期大学を卒業して、世田谷にある保育園に勤めておりました。園はボロ市通りを出たところにあり、近くを二両編成のちいさな世田谷線がことことことこと走っていました。

九〇名定員のその保育園に就職を決めたのは、実家を出て都心で働きたいということもありましたが、〇歳から五歳までが大きな家族のように関わり合って暮らすという、その園の保育方針に惹かれたからでもありました。

あの、ごちゃごちゃと混ざり合うような暮らし、子どもたちや大人たちの絶え間のない笑い声、子どもたちと触ったぬるぬるとした土やもふもふとした葉っぱの感触。今遠い土地で一人あの頃のことを思い出しますと、どれもこれもなつかしく、ただ不思議とあれは本当にあったことなのだろうかと思えてなりません。

では私は自分の書いたいくつかの保育日記を見返しながら、あの年のことを静かに書きつけてみましょう。

＊

その年の四月、園長から「春子さん、ちょっといい？」と声をかけられました。「もうすぐ転園してくる子の話は聞いてるわよね。それで春子さんにその子にしっかりついてもらおうと思ってるの。よろしくね」。しかし、私はその子について断片的にしか聞いていませんでした。前の園に合わずにこちらに転園してくること、療育にも通っているがそちらもあまりしっくりとはいっていないこと、そのことでお母さんが悩んでいらっしゃること、そのくらいは聞いてはいましたが、その一つひとつの具体については知らされていなかったのです。それでも園長の投げかけに、すぐさま

「はい、わかりました」と答えたのは、私のなかにその頃漠然とした不安があったからでした。保育者になって三年目のその頃、どうにも自分が「保育の核心」をつかみかねているのではないか、と感じていたのです。三年たち、園の生活や仕事の流れにはおおよそ慣れてきている頃でした。それでもそうした仕事への慣れと、保育の核心というものとは、全く違うものなのではないかという思いがふつふつと湧き、どうにかしたいと思ってはいたものの、いったいどうしたらいいのか全くわかりませんでした。仕事に慣れれば慣れるほど、自分はその核心からどんどん離れているのではないかという焦りも強まっていました。ですから園長の投げかけが自分のなかで何かきっかけになるのではないかと思ったのでした。

春子の保育ノート：S児、見学

四月一四日。S児（五歳）、母親と園に見学に来る。園長と母親とで面談。その間、S児に園を見せて回る。S児、身長は平均並み、体はやや細い。二階の保育室がS児の部屋になるので、そこへ連れていく。最初、私の後をついてきていたが、途中から走り出して、あちこちの保育室に入っていってしまう。止めるが聞かない。一通りいろんな部屋に出たり入ったり、歩いて回る。何かつぶやいているが聞き取りづらく、意味がよくわからない。結局一一時過ぎに帰っていった。多動傾向の場合、しっかりついていかないといろいろな危険もあるかもしれない。

春子の保育ノート：母子分離

四月一五日。園長と母親の面談の結果、S児は一週間ほど、母親と園に短時間ずつ来てみることに決まった。今日は、S児は登園するとまずリュックを二階の自分の部屋に置いた。それからまたあちこち歩き回る。母親は付かず離れず見守っている。赤ちゃんに興味があるようでしきりに寄っていく。それでもいつも母親の存在を気にしているようで、たびたび振り返って母親がいるかを確認している。このままで母子分離できるのだろうか。

――事務所にて

園長：春子さん
春子：はい
園長：あなたの保育ノート見たんだけどさ
春子：はい
園長：つまんないのよね
春子：つまんないですか、つまったほうがいいでしょうか
園長：つまったほうがいいわよ、そりゃ。なんというかさ、あなたのは……
春子：なんなんでしょう
園長：あー、あれよ、つみきみたいにカチコチだね
春子：つみき好きなんですけど
園長：でもつまんないのよ、とにかく。つみき言葉じゃなくて、寒天にしなよ
春子：あれ、味しないじゃないですか
園長：でも食べれるじゃん。つみき食べられないじゃん
春子：まあ、そうですね
園長：寒天言葉、ねっ。もっとさあ、ぐにゅって、やわらかく

春子：やわらかいといいですか
園長：いいわよ、つまるわよ、そよくんのほうにもっと入っていきなさいよ

春子の保育ノート：おやつ

四月一六日。S児はまだ毎日昼ごはん前に帰るので、朝のおやつを自宅から持ってくる。それを一一時くらいに食べる。恐竜を形どった市販のクッキーで、毎回どの恐竜が入っているか、S児は楽しみにしている様子。まわりの子も少しうらやましそうにしているが、「これはSくんのだからね」と伝えている。S児は「いいよ、あげようか」と分けようとする。「アレルギーがある子もいるからね」と止めると、S児は少し残念そうにしていた。それからS児は自分で恐竜クッキーを半分ほど食べると袋をリュックにしまっていた。S児（そよくんという名前）の様子を見ながら、止めるにしても少し気の毒だったかなと思った。S児（そよくん）にしてみたら、自分が持ってきたお菓子で友達とつながりたかったのかもしれない。

春子の保育ノート：「はんぶんのきもち」

今日は初めて「そよくん」が一人で園で過ごす日。お母さんと一緒に来たときの表情はこれまでとは違って硬い。緊張している。ほっそりとした腕がウルトラマンのTシャツからのびている。少し前かがみに歩いていく。とてもはやい。しゃかしゃか歩く。髪の毛はすこしくせっ毛で、おでこのところで、前髪がくるくるしている。その前髪の下から、くりくりした大きな目がせわしなくうごいている。そよくんは五歳。九月生まれで、ウルトラマンが好き。お母さんと二人で暮らしている。まだ私はそよくんのことを少ししか知らない。

そよくんは靴を脱いで園に入ってくるとすぐに二階の自分の部屋へしゃかしゃか上がっていった。でも今日はあいにくみんな一階に遊びに行っていて、誰も部屋のなかにはいなかった。それで「今日はみんな一階で遊んでるんだ。行ってみない？」と声をかける。それが聞こえたのか聞こえなかったのか、返事はない。二階に無言で上がっていき、自分のリュックを置く。お母さんと離れがたいようだったが「またお迎えに来るよ」とお母さんに伝えられると、そっとお母さんから離れる。部屋の中をぐるっと、しゃかしゃか歩きまわる。その間にお母さんは玄関に行ってしまったので、急いでそよくんもその後を追う。玄関で靴を履いているお母さんを見ると「やっぱりかえる」と言う。

「ブロックで遊んでみたら？」と声をかけてみる。園長からも「小さい子が好きなんだよね、小さい子のお世話してくれないかな？」と声がかかる。しぶしぶという感じでお母さんと離れる。その後もおもちゃや遊びに誘うと少し気が紛れるようだったが、またすぐに園のなかをあちこち歩いて回る。ホールや二階、園庭にも行ってみるが「やっぱりかえる」とリュックを背負い、結局また玄関へ戻る。

私もどうしていいかわからなくなった。それで、そよくんと一緒に玄関に座ってみる。「しつこい」と、そよくん。それでちょっと距離を置いて座ってみる。やることもないので、紙とペンを持ってきて、グチャグチャとなぐり書きのように紙いっぱいに描いてみた。そよくんは私のなぐり書きを見ていたが、その絵を取ると丸めてポイッと投げる。また私が描くと、そよくんがポイッと投げる。私も紙を丸めて同じ様に投げてみる。そよくんはなんにも言わない。

しばらくして、そよくんがぽつりと「まだ、はんぶんのきもち」と言う。

「ここの保育園が？」

「はんぶんのきもち」

「そうなんだ」

「だれにもいわないでね」

「わかった」

それから以前通っていた保育園で「うさぎ組」から「ぞう組」になったこと、友達と出かけたこと、ウルトラマンの怪獣の名前をぽつぽつと話してくれた。

突然「ちいさいこのおせわをすることにきめた」と言って二階へ上がってリュックをおろした。

そよくんにとって全てが初めてで、とても緊張して、とても疲れた一日だったと思う。それでも「かえりたい」気持ち、まだ「はんぶんのきもち」に対して、すごくがんばって、そよくんなりに折り合いをつけて保育園で過ごそうとしていた。どんなことが好きで、どんなことが楽しいと感じるのかな。どんなことを心地よく感じるのかな。これから少しずつ、そよくんのことを知っていきたい。

春子の保育ノート：「どうしたらいい？」

そよくんは今日、おままごとをしていた。おままごとをしているうちに本当のお弁当が食べたくなってきた様子。ちょっと早めにお弁当を食べることにした。そよくんは食べ物にこだわりがあるということで、お母さんと話して、しばらくのあいだお家からお弁当とおやつを持ってきてみることにした。ちゃぶ台で給食を食べている小さい子たちの輪に加わり、自分でお弁当を広げて食べ始める。

食べ終わるとテラスから園庭へ、園庭からまたテラスへと、行ったり来たりする。プールで他の子たちが遊ぶ姿を見て、ズボンを脱いで加わる。とても楽しそうに笑っている。ひとりで登園するようになってから、こんなに大声で笑うのを初めて見た。ホースを自分で持って、流れ出てくる水を操るのが楽しくて仕方のないようで夢中になってしばらく水遊びをしていた。

そのあと部屋に帰って、昼寝をする気になったようで布団に横になった。絵本を読んでみる。そよくんはだんだんと眠たくなっているようだったが、なかなか寝つけない。まだ園で眠ることに不安があるのだろうか。

結局、昼寝はせずに、おやつを早めに食べ始める。家から持ってきた恐竜ビスケットをリュックから出す。でも袋をあけたら恐竜ではなくガイコツの形のビスケットが入っていた。そよくんはそのことにショックを受け、口をつけずにしまってしまう。「だめ！　みない！」と拒否。「どうしたらいい？」と聞くので、「そよくんは何がしたい？」と聞いてみると「みずあそびしたい」とのこと。

それでもう一度一緒にテラスに出て水遊びをすることにした。そよくんがベビーバスに水をためて入っていると、二歳のしょうちゃんがやってきてベビーバスに入ってくる。そよくんは「せまいよー」と顔をしかめるが、しょうちゃんがにこにこしているので、そよくんの表情がゆるむ。

着替えてから今度はたたかいごっこを始める。ブロックで武器を作って、5歳のあっくんと二人でやっていたが、あっくんがそよくんの手からブロックを取ってしまう(意地悪ではなく、たたかいごっこの遊びとして取っただけ)。そよくんは「やだー!」と叫んで、廊下の向こう側に走っていって、戸を閉めてしまう。私が近づくと「もうやだ! あっちいって!」と怒っている。

「嫌だったね、一緒に『嫌だったよ』って、あっくんに言いにいく?」と聞いてみる。そよくんはそれには答えず無言で二階へ上がっていく。

そよくんは自分で座布団をふたつ並べて横になる。それから座布団で顔を隠し、しばらくそのままでいる。だんだんと気持ちが落ち着いてきたのか、少し眠くなってきた様子。

「もうすぐお母さんがお迎えに来るから下に行ってみようか」と誘うと、私のほうに手を出してきた。「抱っこする?」と聞くと、そよくんは何も言わずに身をあずけてきた。初めてそよくんを抱っこした。

お母さんがお迎えに来ると急に元気になり、階段を上がり「こっちきてー」とうれしそうにお母さんを呼んでいた。

——同僚たちとの会話

そよくんとの四月はこんなふうにあっというまに過ぎていきました。そよくんはだんだんと園の生活に慣れていったものの、何かあると「もうやだ、きらい！」と大声を出して、部屋から飛び出していくことがたびたびありました。そうなるときはたいてい、そよくんのなかの思いや意図がまわりにうまく伝わらなかったり、自分の予想とは違うことが起きたりしたときでした。ただ頭ではそう理解していても、そよくんに大声で泣き叫びながら感情をぶつけられると、ぐったりと疲れてきてしまうのでした。五月の連休明けには、もう園に行くのすら気持ちが重たくなっていました。

そのことを相談すると園長はほがらかに笑って言いました。

「最初の頃の緊張した顔からすると、最近そよくんすごく気持ちを出してくれるようになったね。春子さんのこと、気持ちを出してもいい人って思ってくれてるのね」

そんなものかなぁと思いつつ、また気を取り直して保育に取り組んでみるのでしたが、そよくんの「もうやだ、きらい！」を聞くと、そのたびにまた重たい気持ちになってしまうのでした。

もう、いっそ、保育をやめてしまおうか。子どもに会うのが苦痛だなんて、自分は向いてないのかもしれない。保育の核心をつかむなんて自分にはぜんぜん無理なことだった。そんなふうに思いつめてもいました。

そんなある日、調理室の山崎さんから声をかけられました。

「この前そよくんが急にキッチンに来てね、『しゅぎょうさせてください！』って言ったんだよ。そよくんって毎日のように『きょうのごはんはなんですか』『きょうのおやつはなんですか』って聞きにくるよね、それでそのときも来たから『園のご飯おいしい？』って聞いたら、いきなり『しゅぎょうさせてください！』って。『え？　修行？』って聞き返しちゃったんだけど、もういきなりだったから笑っちゃって。『いつでもどうぞ』って答えたんだけど。春子さんからも、そよくんが園のご飯をおいしい、おいしいってご飯三杯もおかわりしたって聞いてたから、あー楽しみにしてくれてるんだなぁって。」

春子の保育ノート：帰り道で考えたこと

園長や山崎さんとの話を振り返りながら自転車を漕いで帰ってきた。そよくんの「もうやだ、きらい！」もぼんやりと思い出しながら。「もうやだ、きらい」。あれは自分にぶつけられる怒りではなくて、そよくんの悲しさや混乱なのかもしれない。そよくんは園に来ることに期待をもったり、うれしさを感じたりしている。毎日のご飯もそう、きっとそれは食欲が満たされるということだけではないはず。そこには作ってくれる人とのつながりや、一緒に食べている子どもやおとなへの期待もある。どうしてそのことに自分は気づかなかったんだろう、自分に流れ込んでくる感情の波みたいなものにいっぱいいっぱいで、そよくんのほうを向いていなかったのではないか、保育者に向いているとかいないとか、結局は自分のことしか考えていなかったのかもしれない。そんなことを思いながら帰りの自転車を漕いだ。今日のこの感じたことを忘れないでおくために書いておこう。

春子の保育ノート：「チャージ、かんりょう」

じゃがいも掘りの日、今日は途中から小雨のぱらつく寒い日だった。収穫が終わり、畑の野菜を見せてもらっていると、そよくんは「かえる」と言ってみんなから少し離れた場所へ。小屋にしまってある道具が気になる様子でちょっと触ってみる。それから「さむい」と言って私のそばへ寄ってきた。

「ポンチョのなかに入る?」と聞くと、ごそごそと私のポンチョのなかに入ってくる。息づかいが聞こえ、そよくんの背中がふくらんだり縮んだりする。最初冷たかった体がだんだん温まってくるのも伝わってくる。

帰り道、あくびをしながら「おんぶして」と言ってくる。少し行ったところでおんぶから降りて自分で歩きだすものの、「まだつかない……」と力なくしゃがみこむ。それでもまた歩いていくが、園までもうすぐというところでまたしゃがみこむ。

「ポンチョ入って一緒に歩こうか」

するとササっと入って、数歩歩いてみる。ポンチョから出てきて「チャージ、かんりょう」と言って歩き始めた。園庭の直前でもう一回ポンチョに入って、それから一緒に園に帰った。

春子の保育ノート：「うるさくてこわい」

今日は全園児検診。園医さんが来て順番に子どもたちを診てくれる。園医さんはやわらかな人だが、〇歳児、一歳児はやはり泣いてしまう。そよくんは順番を待っていたが、小さい子たちの泣き声を聞くうちに、おびえたような顔で廊下の隅にうずくまってしまう。いろいろ声をかけてみるが気分は変わらない。あぐらをかいて座って、そよくんを後ろから抱きしめる。そよくんの体が冷えていたので、抱きしめたり体をさすったりしていると、気持ちが落ち着いてきたよう。

「うるさくてこわい」と、そよくんが小さな声で言う。

「赤ちゃんたち泣いちゃってるもんね。泣いてたらそよくんも怖くなっちゃうよね」

と私が言うと、「うん」とそよくん。

「ここで一緒にいようか」

「うん」

今日は痛くはないよ、先生も優しくて怖くないよと伝えてみたが、小さい子たちの泣き声が増していき、説得力はない。そよくんは「へやへ、かえりたい」とつぶやき、廊下も耐えられなくなってきた。

「部屋に戻ってもいいけど、そよくんの番になったら戻って来られそう？」と聞くと「いやだ」とそよくん。

「じゃあ私がそよくん抱っこして部屋に行くのはいい？　そして一緒にまた来よう」

「うん」

そよくんが安心した状態でいるには、そして健診を受けるためには、抱っこのままがいい気がしたのでそう提案した。そよくんは受け入れてくれた。みんなが出払ったあとの部屋はすごく静かだった。こわばっていたそよくんの体もだんだんとゆるんでくる。しばらく絵本を一緒に見ていると、園長が迎えに来てくれた。そよくんの待ち時間はこんな形で過ぎていった。

——草野心平詩集

数か月たって、そよくんと自分との距離がだんだんと近づいてきていることが感じられました。そよくんとまわりの子とのつながりもでき、ウルトラマンが好きな子とは一緒にたたかいごっこをする姿も増えてきました。

ちょうどその頃、有休消化のために久しぶりに横浜の実家に帰りました。玄関を開けると「おねえちゃん、おかえりー」と弟の直也がかけてきました。手に怪獣図鑑を持っていたので、「ねえ、それちょっと見せて」と言いました。

「へえ、めずらしいね、おねえちゃんが」

「いいの、いいの、ちょっと貸して。ね、マンモスフラワーってどれ」

「これだよこれ、最初のほうのページに載ってるよ」

「じゃあメフィラス星人は」

「なんだ、帰ってたのか」奥から父が出てきて言いました。「どうだい仕事は。順調かい」

「うん、まあ、いろいろよ」私はそう答えて、そのいろいろという言い回しに、ネガティブな響きが全く含まれていないことに自分ながら驚きました。

「そうか、ま、いろいろだな」父は笑ってまた奥へと引っ込んでいきました。

　その夜、実家のベッドで眠りながら私は夢を見ました。
＊

　どこか知らない、薄暗い部屋にいる。「そろそろご飯にするよー」という声がする。その声は亡くなった母の声に似ている。「そろそろご飯にするよー」という声は繰り返し、少しの間をおいて聞こえてくる。

　部屋のなかはがらんとしていて、ただ弟の見ていた怪獣図鑑だけがポッンと床に置いてある。その開きっぱなしの図鑑のページから少しずつ怪獣たちが這い出してきた。巨大猿、ガラモン、カネゴン、大蜘蛛、怪鳥、メフィラス星人、マンモスフラワー……。

　怪獣たちは部屋を出て街のなかへと歩いていく。

　巨大猿が足を止めて、辺りを見回して、朗々とした声で言う。

「いいか、かねてよりの計画を我々は今夜実力行為に移す。改めて言う、為政者の口車にのせられて、人間モルモットとなった我々が、ここでやらなければならないことは、これ以上我々のような犠牲者を増やしてはならないということだ。それには、あの憎むべき人間縮小機を破壊することだ！[*1]」

それから怪獣たちは広場に出ると、鬼ごっこをして、缶蹴りをした。それからまたずんずんとみんなで歩いていく。今度はガラモンが立ち止まって、大きな声で叫んだ。

「人間人間人間……ああ、ゲップが出そうだわ[*2]」

それから怪獣たちはどこかへ歩いていった。

*

私は不安な気持ちで目を覚ましました。時計を見ると夜中の二時を回っていました。水でも飲もうと台所へいくと、父の部屋から明かりが漏れているのが見えました。「まだ仕事？」と扉を開けながら、机に覆いかぶさるように書き物をしている父の丸い背中に向かって言いました。

「なんだ、起きたのか」父はこちらに向き直って言いました。「新しい評論を書いていてね、いつも通り締切に追いまくられているってわけ」

「今度はどんなテーマなの」

「草野心平っていう詩人さ、知ってるかい」

「うーん、なんか、カエルの詩とか書いた人？」そう言って、父の机の上に積み重ねられた本から一冊の詩集を取りました。

「よく知ってるね、まだ春子の世代は教科書で習ったかもね」

私は詩集を開いて、適当に目に入ったところをつぶやいてみました。[*3]

きみ。ひとりぼっち？

え？

わかんないなぼく。

ぼくはひとりらしいな。

どうかしらあたしは。


（みず。もやもやもや）

「お、いいところをひいたね」父がうれしそうに言いました。

*1　金城哲夫『ウルトラQ+ウルトラマン（ウルトラマンシリーズ金城哲夫シナリオコレクション①）』復刊ドットコム、二〇一六年、一六〇頁。
*2　同前書、一四四頁。
*3　草野心平「おたまじゃくしたち四五匹」入沢康夫（編）『草野心平詩集』岩波書店、一九九一年、一二四頁。

ちがうよ。
みんなぼくたち。
いっしょだもん。
ぼくたち。
まるまるそだってゆく。
まるまる。
ぼくたちそだってゆく。

（みず。もやもやもやもや）

私は詩集を置いて父を見ました。「うーん、これどういう意味？」「詩に意味を求めるなんてナンセンスさ」父は笑いました。「まあ、でも、そこはわかりやすいほうなんじゃないかな。もっとわけわからないのもあるよ、これとか」父がページを開いて私に見せました。[*4]

十四人以上の人物が同時に唱ふべき詩

ぐりりににぐりりにに
るるるるるるるるるる
ぎやッぎやッぎやッぎやッ
ぎやるるろぎやるるろ
げぶららららげぶららららら
りりりりりりりりりり
ぎやッぎやッぎやッぎやッ

んんんげげんんげげんん
ごりらごりらごりらごりら
ぐりけっぷぐりけっぷぐりけっぷ
わひわひわひどどわひわひ
げぶらららららげぶららららら
ぐりっくぐりっくいいいいいいい
がりぎりがりぎりわひわひわひ

＊4　草野心平「第八月満月の夜の満潮時の歓喜の歌」入沢康夫（編）『草野心平詩集』岩波書店、一九九一年、四四頁。

「やばっ。なにこれ、わけわかんない。でもわかる、なんか子どもたちみたい。わちゃわちゃしてる」

「そうそう、わからないけど、わかる。わからないままにわかる、それが詩の読み方さ。しかしさすが保育者だね、草野心平のやばさがわかるなんて」

「なによ、保育者になんか文句あるの？」

「文句なんてないさ。人が人に関わるなんて、いずれにせよやばいことじゃないのかい」

「そうね、確かにそうかも。ねえ、この本借りていっていい？」

「どうぞ、ただ気をつけるんだね、夢や詩はいつも早すぎるか、遅すぎるからね」

私はまた何かの本からの引用（父は本からの引用をよくつぶやくので）だと思って、聞き流して扉をしめました。夢や詩はいつも早すぎるか、遅すぎる、そのときの私にはそんなことはまるでわからずにいました。

――検　査

運動会も終わって秋が深まってくる頃、就学のことで迷っているとのことで、そよくんの母親と面談をしました。普通級、通級、特別支援学校と選択肢はいろいろあるなかで、とりあえず世田谷区が実施している就学前相談というものを受けてみようということになりました。面談が終わる頃、そよくんの母親がふとこんなことを言いました。

「就学前相談って何やるのかなぁ、また検査かなぁ。検査苦手なんだよなぁ、あたしもそよも。目が違うっていうか。保育園のおとなの目と全然違うんですよ、検査する人たちの目って。なんか冷たいっていうか、品定めするような目してるっていうか、温度がさぁ。あれ、しんどいんだよなぁ」

そよくんの母親は去り際に笑いながら言っていましたが、笑いに紛らわせてしか言えないような本音がそこには感じられました。それで気になって、そよくんの母親に検査がどんなものかを後日聞いてみることにしました。そよくんの母親はカバンから一枚の紙を出して見せてくれました。

「これ前に受けた検査のときの紙なんだけど……」

そこには次のような言葉が並んでいました。

検査の所要時間は六〇〜七〇分ほどです。

二歳級の項目は、「動物の見分け」「語彙（モノ）」「大きさの比較」「二語文の復唱」「色分け」……

三歳級の項目は、「語彙（絵）」「小鳥の絵の完成」「短文の復唱」……

四歳級の項目は、「語彙（絵）」「順序の記憶」……

五歳級の項目は、「数概念（一〇個まで）」……

また、感覚プロファイルにおいては……
セクション「感覚処理」においては……

「わけがわからないでしょ?」そよくんの母親が私の顔をのぞきこみながら笑って言いました。私はうなずきました。でも……と私は思いました。わからないけどわかる。これはあの「わちゃわちゃ」とは全然違う。むしろ真逆。あのオタマジャクシたちの歌とは正反対の、一つひとつを切り分けていくような言葉だ。そよくんはこれからこういう言葉たちのなかに入っていくんだ、そよくんのお母さんが言っていた温度のない目ってこういうことなのかもしれない。

検査そのものが良いとか悪いとかいうものではないことは、私にもわかっていました。それでもなお、そよくんと今過ごしている時間との差がくっきりと感じられ、保育園の卒業までの残された時間で、自分には何ができるのだろうか、もし保育のなかで何かをできたとしても、この温度のない言葉たちのなかへ入っていくそよくんにそれは何か力となるのだろうか。私は頭のなかでぐるぐると考えていました。

春子の保育ノート：「そよくん、ごめん」

今日の午睡のとき部屋がちょっとざわざわとしていた。そんななかミィ（〇歳）が目を覚まして、まだ眠そうに声をあげた。私はそばに行き、トントンとした。まだ眠いかな、もう少し寝るかな。ミィがまたうとうととして、もう少しで寝るかもしれないという瞬間、そよくんが部屋のなかにかけてきた。ここ数日寝ている人のそばをかけたり、大きな声を出したりすることがあったので、「静かに布団にいる時間だよ」と声をかけ続けていた。そしてついに今日は言ってしまった。けっこう強い口調で。

「やめて！」

そよくんは驚いた表情で一瞬黙った。それから次第に怒った顔になった。そよくんのその顔を見て、「あぁ、やってしまった」と思った。

そよくんは「家出……」とつぶやいて部屋から出ていった。私はそよくんのあの瞬間の顔が忘れられなかった。

家出をしたそよくんを探した。そよくんはトイレにいた。私はトイレの扉の前にしやがんで声をかけた。

「ねぇ、そよくんいる？」

「ん？」と言って、そよくんはトイレの扉を少し開けた。「そよくんと話がしたいから待ってる」と私が言うと、「ん」と言って、トイレの扉を閉めた。

トイレを終えてそよくんが出てくる。しゃがんでいる私の前に真っ直ぐそよくんが立った。そよくんの顔を見上げながら言った。

「さっき怒ってごめん」

そよくんはじっと私の顔を見つめて黙っている。

「そよくんに嫌な思いさせてごめん」と私はまた言った。そよくんは黙っている。私も黙ったまましばらく時間が過ぎる。

ふいに、そよくんが「ところでさ、いまはなんじ？」と言った。

「え？　あ、えーっと今は一時五五分」と私が答える。

「ん、じゃあかえろう」

そよくんは呆然とする私を残して「ただいま～」と部屋に帰っていった。部屋に戻ったそよくんはミィのそばに真っ直ぐ向かった。

お昼寝のとき、「みんな寝てるから静かにしてほしい」と何回も言ってしまっていた。そよくんはいつもとてもやさしい。今日だってミィの泣き声を聞いて、きっと急いでかけつけてくれたんだと思う。そんなそよくんの気持ちを真っ向から拒否してしまった。驚きから次第に怒りが満ちていくそよくんの表情が胸にぐさりと刺さった。

私はいま間違ったことをしたと思った。家出をするそよくんを見て、とても後悔した。

そのとき、いつものそよくんの姿が思い浮かんだ。お皿を落としちゃったとき、たたかいごっこで相手を押し倒しちゃったとき、赤ちゃんを意図せず起こしちゃったとき、そよくんはすぐに「ごめん！」と謝る。

そうだ、私もすぐに謝ろう。そう思って、そよくんに謝った。

春子の保育ノート：「ミィ、おいで」

家出のすぐ後のこと。部屋に戻ったそよくんは、そのままミィのそばへ。しばらく考えてから、自分の布団を階段側の踊り場に移動させた。そして「ミィ、おいで」とミィを呼んだ。呼ばれたミィは、そよくんと一緒に踊り場に行った。私は二人の近くに座り、連絡帳を書き始めることにした。すると二人のやりとりが聞こえてきた。

そよ：ミィ、ほらおいで
ミィ：んー（そよくんの布団に寝転ぶ）
そよ：ははは、ミィ
ミィ：んーまっ！
そよ：んーまっ！
そよ：ミィ、ほらほらこれは？（ブロックを渡す）
ミィ：（手に取る）
ミィ：おーてー（腕についたブロックを取ってほしい様子）
そよ：これか？　なかに入るか？
ミィ：んー（布団に再び寝転ぶ）
そよ：なかには、はいらないのか
ミィ：んー（布団に潜る）
そよ：ミィがきた！　あははは、せまい
ミィ：んー！
そよ：ちょっとトイレいってくるからまっててね
ミィ：んー
そよ：おまたせ、だいじょうぶか？

二人のそばを他の人が通るたびに、そよくんは「ミィをおれがお世話してるんだ」と言っていた。「そよくん、ミィのことお願いね」と私が言うと、にかっと笑って「ラジャー！」と敬礼をした。そしてそよくんは布団に横になりながら、ミィと顔を見合って笑い合い、そのまま二人で私のほうに笑顔を見せてくれた。

春子の保育ノート：そよくんの気持ち、つぐみの気持ち

午睡の時間。そよくんが怒っている。つぐみと一緒にいたいけれど、拒否されたからのようだ。部屋を出ていくそよくんの後を追う。そよくんはつぐみの目の前に座る。

そよ　：あのさ、どうするの？　ともだちにならないの？
つぐみ：いやだ
そよ　：あー、もう！（声を荒らげて怒り、つぐみを叩く）
つぐみ：やぁだ！　そよくん、こわい！
私　　：そよくん、叩かれたら嫌だよ。叩いたり大きな声だと、つぐみちゃん怖い

んだって。そよくんは、つぐみちゃんと遊びたかったの？

そよ　：うん

つぐみ：たたくから、やだ

そよ　：あー！　もうっ！

私　　：つぐみちゃん、そよくんが叩いたり大きい声で怒ったりしなければいいのかな

つぐみ：……うん

そよくんは部屋からテラスへ走って出ていってしまった。後を追いかけて、もう一度そよくんの思いを聞く。それから、つぐみの思いを伝えてみる。何か考えている様子のそよくん。「おとなになっても、おとなになっても……」とつぶやきながら、つぐみのところへ。「おとなになっても……いいの？」そよくんがつぐみに言う。つぐみは首を傾げる。そよくんは何を言いたいんだろう？　わからない。つぐみと私は顔を見合わせる。

「もしかして大人になってもずっと友達ってこと？」と私が聞くと、「そう」と、そよくん。

つぐみは「えー」と首を傾げ困ったような顔。それを見たそよくんは「もうっ、や

だっ！」と怒って、また部屋からテラスへ走って出ていってしまう。それをまた追いかける。どうしたらいいかわからないので、そよくんに「紙に書いてみようか」と提案してみた。「そよくんの気持ちと、つぐみの気持ち、紙に書いてみよう」と。紙にそよくんの気持ちとつぐみの気持ちを書いて整理しようと思ったのだった。

「まず、そよくんの気持ちね、〈そよくん　ともだちになってほしい〉」私は紙に書いてみる。

そよくんが「ともだちにならないなら、ほっといてください、ってかいて」と言う。その通りに書いてみる。どういうことなのか尋ねようとする前に、そよくんは私から紙を取り、つぐみのところへいって、目の前に差し出す。「なに？」という顔のつぐみ。何も言わないそよくん。私がそよくんの代わりに読んで、つぐみに伝えてみる。

「ともだちにならないなら、ほっといてください」

つぐみはわからないような、困ったような顔で何も言わない。それを見て、そよくんがまた走って出ていく。

今度は少し離れた場所で見ていると、そよくんが紙に何か書いている。書き終わると、そばにおちていた紫色の風呂敷でていねいに包んでいる。それを、そよくんがつぐみのところへ持っていこうとすると、部屋の入口にゆいちゃんが立っていた。

ゆい：そよくん、ごめんね。なんか、そよくんの手紙読んだらかわいそうになった。
　　…ごめんね

そよくんはゆいちゃんの顔をじっと見た。でも何も答えずに、そのままつぐみのところへ。それから風呂敷の包みを差し出す。風呂敷を広げて、紙を見てみると、そよくんの字で「つ」と書いてある。

つぐみ：……つぐみ？
そよ　：ちいさい「つ」がある
私　　：つぐみって書いてあるんだね

風呂敷を手に取り、困った表情のつぐみ。まいこがやってきて「なんか、そよくん、ごめんって思った。手紙読んで」と、ゆいちゃんと同じようなことを言う。

私　　：そうなんだ
まいこ：かわいそうと思って
（黙っているそよくん）

私　：みんなは遊びたい子と遊べなかったり、一人だけになっちゃったりしたらどうするの？
つぐみ：ひとりであそぶ
まいこ：ほかのことあそぶ
私　：そうなんだー

まいこが「もういいよっていってあげれば？」とつぐみに言う。そよくんがまた出ていく。テラスをぐるっと歩いてつぐみのところへ戻り、「それで、どうなの」と尋ねる。沈黙の後、つぐみが「……いいよ」と言った。そよくんはなんにも言わない。うれしそうでもないし、すっきりした感じでもない。でも区切りはついたようで、つぐみから離れた。言葉では「いいよ」と言われていても、つぐみの態度から本心ではないかもしれないことを感じたのかな。

そよくんのつぐみへの気持ち。仲良くしたい、友達になりたい、大人になってもずっと。それなのに「いや」と言われて悲しい気持ち。でも自分の言葉で、名前を手紙に書いてつぐみが好きな色の風呂敷を選んで、一生懸命伝えようとしていた。

つぐみの気持ち。そよくんとも遊ぶけれど、今は「いや」。大きい声も怖いから「いや」。そのときは女の子たちでいるところにそよくんが入るのが「いや」ということもあったのだろう。

　つぐみの気持ちをもっと掘り下げて聞けばよかった。私がつぐみに「いいよ」と言わせてしまったと感じる。このときはこれしかできなかったけれど、もっと何か他になかったか。普段のそよくんとつぐみの関わり、そよくんとまわりの子との関わり。もっと一緒に楽しいことをたくさんしていきたい。

春子の保育ノート：卒園山登り

　バスを借りて、卒園遠足で山登りにでかけた。その山にはこれまで何度もみんなで遊びに行っているから、みんな思い思いにあそこへ行ったらこれをやろう、あれをやろうと行く前から盛り上がっていた。バスを降りて、さっそく登り始める。山道を一〇分くらい登っていくと、子どもたちが「椎ノ木じいちゃん」と呼んでいる大きな椎ノ木の下に出る。椎ノ木じいちゃんの下でみんなリュックをおろしてお茶を飲んだり、鬼ごっこをし始めたり。そよくんも、つぐみや、まいこや、ゆいちゃんたちと走り回る。椎ノ木じいちゃんの下は小さな広場くらいの空間がぽっかりと広がっていて、そこにまわりの木々の木漏れ日がさらさら揺れて光っている。その光と子どもたちの遊ぶ声とが入り交じって、全部がまるで溶けた金色のバターのよう、どこかでバター会社がつくってとっておいたバターの樽を「せーのっ」でいっぺんにひっくりかえして、そこら一面に流したかのよう。どう言ったらいいかわからないけど、どう言ったらいいかわからないくらい幸せ。

子どもたちは走り回るうちに、「はるこせんせー、これもってて」と上着をぽいぽいと脱ぎ始める。私はのんびりと何をするでもなく、子どもから上着をもらったり、そこらに散らかった上着を拾い集めたりしながら、子どもたちを見ていた。もう自分がやることは何もないなという気がした。それはあきらめとは反対の、とても満たされた感じの「何もない」だった。「この時間がずっと続くといいのにな」と私は心のなかで思った。

――やさしいこわいめ

「結局○○小学校の支援学級にいくことになりました」とそよくんの母から声をかけられたのは二月ももう終わりに近づく頃のことでした。

「そのほうが少人数でていねいに見られるからっていうことで」

私はどう返したらいいのかわからずに「そうなんですね……」とつぶやくような声で言いました。そよくんの母は私が返答に困っているのを知ってか知らずか、首を傾げて笑いながら言いました。「でも『ていねい』っていうのがどうなんでしょうね、この前ね」そよくんの母は言葉を続けました。「就学前の相談に行ったとき、面談っていうか、判定っていうか、まあそんなようなものがあったわけ、そのあと家に帰ってからそよがもう暴れて暴れて……。やっとおさまって寝るときにね、『おいしゃさんたちがやさしいこわいめでぼくをみたんだよ』って。なんかさ、ていねいってほんとうの親切なのかな。」

そよくんの母はまだ話を続けたそうでしたが、むこうでそよくんが大声で何度もお母さんを呼んでいるので、あわててそちらにかけていきました。

春子の保育ノート：卒園式

卒園式が終わって、みんながお母さんと一緒に帰っていく。そよくんは何度も名残惜しそうにときどきこっちを振り向いて、ばいばいをして園の扉を押して出ていった。そよくんがお母さんと歩いていくと、だんだんその姿が小さくなっていく。さみしいというんじゃ足りない。体の一部が持っていかれる。そんな感覚。

「ていねいってほんとうの親切なのかな」そよくんの母の言葉。そよくんにとっては、ていねいに関わってもらうことでいいこともたくさんあるはず。でもそれは保育園でのように、みんなとケンカしながらも一緒に暮らし合うこととはまるで違う風景のはず。みんなと分けられていくやり方しか本当にないんだろうか。どうして保育園では一緒にいられるのに、一歩外に出たらもう全然無理なんだろう。そよくんのためにと言うけれど、それは本当だろうか。そんなふうにていねいにていねいに分けていって、またいつ私たちはそよくんと一緒に暮らせるのだろうか。

――夢

そよくんが卒園していったあとの五月、私は高熱をだして園を一週間くらい休みました。ようやく起き上がれるようになったその日、郵便受けに園からの封筒が届いていました。なかには園長から「そよくんのママから手紙がきていましたから転送します。お大事にね」という一筆箋と、そよくんの母からの手紙が入っていました。そよくんの母からの手紙によれば、そよくんは緊張しながらも、はりきって学校に行っているらしい。ときおり「友達がほしい」と言っているのが気にはなるが、そよくんの母としてはひとまず学校生活が始まり、ほっとしているとのことでした。そよくんの母が書いた筆圧の強い字をながめながら、私は返事を書こうとペンを握ってみたものの、またうとうとと眠りに落ちていきました。そしてまた夢を見ました。

＊

そよくんがひとりでトイレのなかでしゃがんでいる。私がまた怒らせてしまったんだろうか。ちゃんと謝らないと……そんなふうに思っていると、メフィラス星人がやってきた。

そよ：あ！　おまえは……！

メフィラス星人：私は遠い星からやってきたメフィラス星人だ。どうだ、地球を私たちにゆずってくれないか。私は地球と地球に住む君が大好きになったのだ。手荒な真似はしたくない。私に地球をくれ。君さえ「うん」と言ってくれればいいんだ

そよ：いやだ！

メフィラス星人：ここよりずっといい星がある。そこを君にやろう。地球よりずっとひろくて、あたたかくて、戦争もない。どうだ、いいだろう。こんなちっぽけな地球がなんだというのだ。みろ、人間たちはお互いに排除し合い、攻撃し合っている。うん、とたった一言でいい、ただ君は、うんと言ってくれればいいんだ

そよ：いやだ、ぜったいにわたすものか。地球はぼくが守るぞ

メフィラス星人：これほど言ってもだめなのか、ええい、こうなったら戦って決着をつけてやる！
ぐりりににぐりりににぐりりにに、るるるるるるるるるる…

メフィラス星人が巨大化する。そよ、ウルトラマンに変身してたたかう。

メフィラス星人：ウルトラマン、宇宙人同士が闘っても仕様がない。私がほしいのは、地球の心だったのだ。だが、私は負けた！　子供にさえ負けてしまった。しかし、私は諦めたわけではない。いつか、私に地球を売り渡す人間が必ずいるはずだ！[*5]

メフィラス星人と、そよくんが黙ってにらみ合っていると、どこからか白衣の人たちが三人やってきて言った。
「子どもたちはどこにいますか、私たちは東の方より、子どもたちに検査を受けさせに来ました。」
白衣の人たちは鞄から問診票やたくさんの書類の束を出した。それからウルトラマンになっているそよくんをじっと見た。あの、やさしい怖い目だ。それからこんなふうにささやきかわした。

＊5　金城哲夫『ウルトラQ＋ウルトラマン（ウルトラマンシリーズ金城哲夫シナリオコレクション①）』復刊ドットコム、二〇一六年、二八六頁。

「ああ、あなたはそうだったのね」
「そうか、あなたはそうだったんだね」
「きづかなくてごめんなさいね」
「でもだいじょうぶだよ」
「そうそう、あなたがたとえそうだったとしても」
「わたしたち、ともだちだよ、ずっとともだちだよ」

白衣の人たちは「また、来ます」と言って帰っていった。ふいに強い不安が私をおそった。とにかく子どもたちを連れてここから逃げなくてはと思った。いますぐに子どもたちを連れて逃げないと。しかし足は動かず、私はただただ途方に暮れて立ち尽くしていた。「どうして一緒じゃだめなのよ！」私はふいに叫んでいた。「どうして……どうして一緒じゃだめなのよ！」
怪獣たちがやってきたのは、それからしばらくしてのことでした。私は途方に暮れつつも、怪獣たちが街を壊していくのをどこかしら痛快な気持ちでながめていました。

第Ⅲ部
隣人たちのまなざし

第7章

小さな友の声から

繁延あづさ

娘の入学式の翌日、登校につき添うつもりで家を出ると、ピカピカのランドセルを背負った男の子がいた。ランドセルを背負いながらも、ランドセルを振り落そうとするかのような不思議な動き。その真剣な表情は、怒っているようにも見えた。交通安全の黄色いランドセルカバーがうまく装着できておらず、ヒラヒラとはためいていた。バサバサ、バサッ。

このランドセルカバーの装着は意外と難しい。ランドセルのベルトを一旦完全に外す必要がある。私には娘の上に息子がふたりいるから知っていたけれど、初めてのお母さんなら戸惑うだろう。彼のランドセルをとって、一緒に装着しようと思った。すると、ちょうどお母さんらしき人がやってきた。私は少し時間が気になりはじめていたので、口頭でやり方だけ伝え、娘と先を急ぐことにした。これが彼らとの出会いだった。

その後もたびたび同じ場所でふたりに出くわした。しかめっ面で無愛想なカイヤくんと、笑顔の絶えないシングルマザーのチカさん。そのギャップが印象的だった。聞けば、隣の市から引っ越して来たばかりだという。会えば話す間柄になった。

長崎の斜面地は、家が密集するように建ち並ぶ独特の風景。高度経済成長期、マイカーが一般化する前に建てられた家々には駐車場がない。マイカー時代になって、後付け的に設置するしかなかったのだろう。地域には共同駐車場が点在している。チカさん親子と頻繁に出会うのは、この共同駐車場が一緒だったから。わが家はそこから少し登ったところにあり、彼女たちは少し降ったところに住んでいた。一年生の頃は子どものクラスが別々だったが、二年生になって同じクラスになり、頻繁にカイヤくんのことが話題にのぼるようになった。

「町たんけん」という授業がある。子どもたちが町を探検して発表するというもので、遠足と違って校区内を歩き回るため、おのずと子どもたちは自宅にも近づくことになる。

「カイヤくんね、三ちょうめを歩いてたとき、きゅうに走りだして家に帰っちゃったんだ。せんせい全力で追いかけたけど、ぜんぜん追いつかなくて。だから今日はそのあとカイヤくんずっといなかったんだよ」

娘の話を聞いて爆笑しながら、「それわかるなあ」と思わず言ってしまった。学校という緊張する場所に行かなきゃいけないとき、「よし！」と〝がんばるスイッチ〟を入れて過ごす。だけど不意に家が近くに現れたら、おのずとスイッチが切れそうになる。引き寄せられるように、家に戻ってしまいそうになる。私が〝戻ってしまいそうになる〟ところを、カイヤくんは〝戻ってしまった〟のだろう。

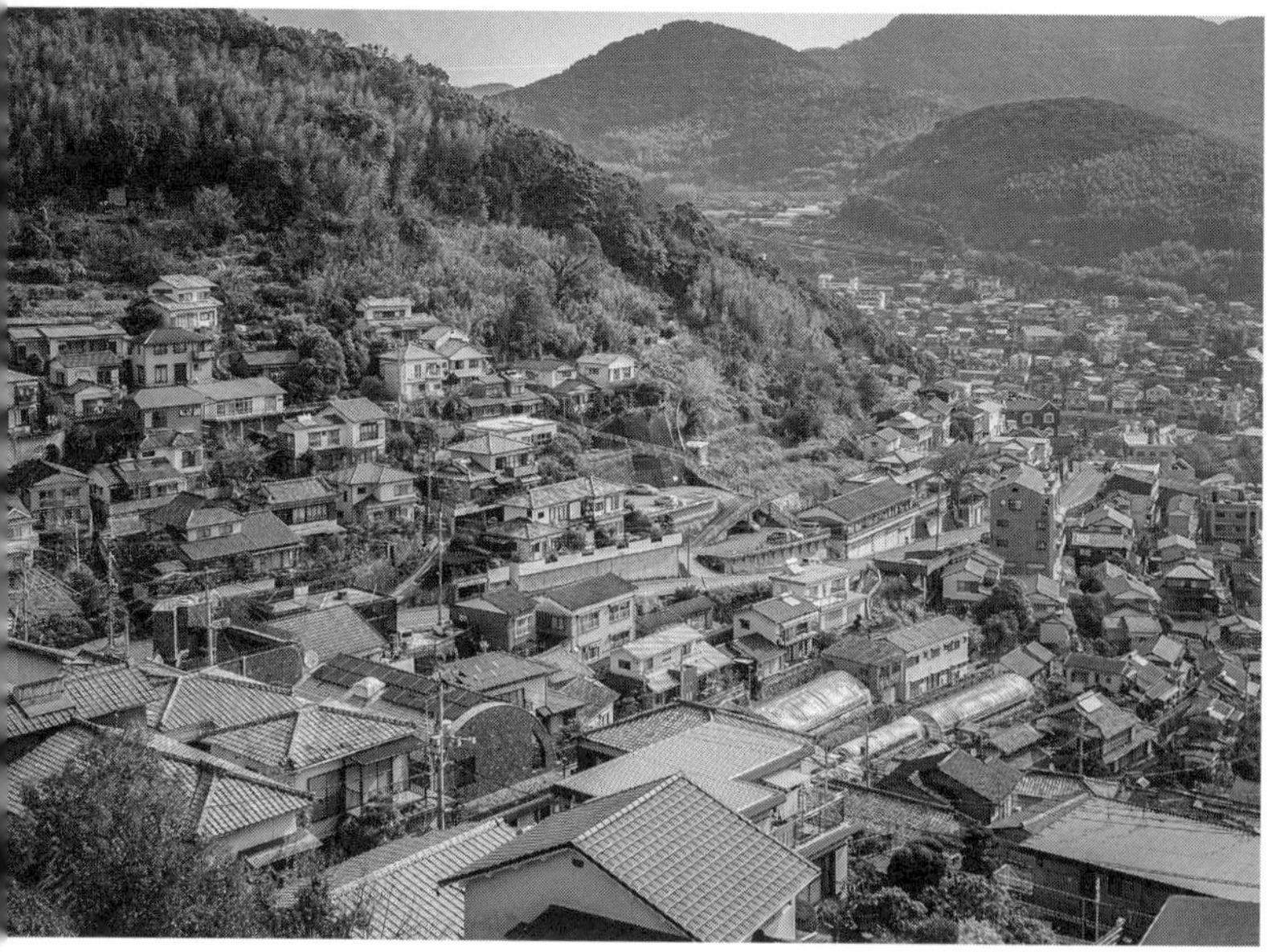

私はどこか痛快な気持ちになった。自分ができなかったことを、カイヤくんがやってのけたというのが刺激的だったのかもしれない。先生を撒いて逃げ去ったということも、簡単に大人の手に収まらない感じが、なんだか爽やかに思えた。

「カイヤくんはオアシス学級にも通ってるんだよ。でもカイヤくんオアシスをイヤがってて。なんでイヤなのかな。あの部屋オモチャもあってすごくおもしろそうなんだけど……」

オアシス学級とは特別支援学級のこと。カイヤくんが特別支援学級に通っていることに驚きはなかった。それよりも、娘が少しうらやましそうに〝オアシス学級〟のことを話しているのが新鮮だった。特別支援学級のことは、入学時や年度始めに学年の会で保護者に説明がある。けれど、子どもたちはいつ、どんなふうに知るのだろう。

その後もカイヤくんの話は娘から聞いた。非常ベルを鳴らしたとか、授業をボイコットしたとか。周囲を困らせている様子には担任の先生へ同情がわくが、クラスの女の子から糾弾される様子を聞くと、「負けるなカイヤくん！」と応援したい気持ちにもなった。

ある日の放課後、先生から電話がかかってきた。

「クラスの男の子で、オアシスの子なんですけど、娘さんを抱き上げて泣かしちゃったんです。きっとその子は、抱きつくだけのつもりが、娘さん小さいから思わず抱き上げてしまったんじゃないかと。それで娘さん怖かったのか大泣きされて、ずっと泣き止まなくて心配したのです。いま家での様子はいかがですか？」

「何も聞いていません。家ではいつも通り元気です。ちょっと話をしてみますね」と電話を切った。

〝オアシスの子なんですけど〟という言葉が出てきた時点で、それがカイヤくんだということはすぐにわかった。だけど、娘からは何も聞いてない。日頃カイヤくんのことはよく報告してくれるのに、このことは言わなかった。隠したのか、庇ったのか、なんとなく言いそびれたのか、よくわからない。ただ今回のことは、相手がカイヤくんであろうとなかろうと、発達障害の子であろうとなかろうと、それに対して娘が泣くことしかできなかったというのが私には引っかかっていた。

年の離れた兄がふたり。可愛がられて育ったといえば聞こえがいいが、家中の〝可愛がりたい〟を一身に受けてきた一面もある。どこか受け身なところがあることは、薄々感じていた。だから娘には、「嫌なときは、嫌って言おう。怖いなら嫌な気持ちを大声にして叫んでもいいから。いろんな人がいるし、お母さんや先生が守れないこともあるから」と話した。この世界にはいろんな人がいる。受け身が仇になることもある。できれば自分の気持ちに気づき、時には突っ撥ねることもできれば。違和感を感じたとき、私の言葉を思い出してほしい。

その後何か月も忙しさが途切れず、チカさんとカイヤくんに会っても、手を振るだけの日々が続いていた。いつの間にか、子どもたちは三年生になっていた。一学期半ばのある日、出張での福岡空港行きのバスの中、チカさん親子に会った。驚いた。平日なのに、なぜ？

「学校休んで、どこに行くの？」

「石垣に行くの。というか、もうすぐ石垣に引っ越すから、その手続きに行くの」

「え、うそ。どうして？」

「ここで暮らしていくの限界かなと思って」

聴き流すことのできない言葉。これをきっかけに、私は初めて彼女のこれまでのことを聞くことになった。もう長崎を出ていくことが決まったあとのこと。

環境の変化に弱いから、二年生になって何もかもが変わってしまったことに、息子はうまく対応できなかった。新しいクラスで、女子に細かく注意をされるようになって。自分を全否定されたような気持ちになるのか、反発がひどくなっちゃって。

二年生から今の支援の先生になって、最初から連絡帳二ページにビッ

シリ書いてあった。清掃中にバケツの水をこぼしたとか、体育の授業中に飛び出したとか。それを突きつけられるのが私もしんどくて、「これは何のために書いてるんですか？　これを見せられて、私としては〝申し訳ございません〟としか言いようがないです」って言っちゃった。

一年生の頃の先生は、息子がやれそうなことを試してみるという考えで、知育オモチャでひらがなを覚えさせてくれたりしてた。でも二年生からの先生は教科書通りに進める方で、それをカイヤが全然やってくれない、座ってやってくれないと、毎回言われる。行き詰まりを感じて「申し訳ないけど、これはうちの子にはできません。できないからこのクラスに在籍してるんです。教科書通りじゃなくて、やれるやり方でやってもらえませんか」って言ったの。その日は先生「計画があるから」と言って譲らなかったけど、後日「やり方を変えます」って言ってくれて。そこからすごく変わった、お互い歩み寄った感じ。よかった。でも万事がこう。

こんなふうにやってきたんだ。知らなかった。聞いていて息苦しくなるのは、チカさんが謝る側のポジションにされているように感じるから。チカさんはチカさんで、謝りながら、訴えてるみたいな。なぜこうなってしまうのか。いつからこうなのか。

カイヤが一歳になるくらいのとき、なにかうまくいかない、ちょっとおかしいぞ、って感じていたかな。一歳のときは、もう保育園で集団行動になってたからさ、保育園の先生に「集団生活をしているので……」って毎日なにかしら言われてた。彼だけみんなと同じように過ごせないから、集団生活を乱してしまうんだよね。

カイヤはその瞬間その瞬間で、自分のやりたいことがはっきり現れるみたいで、それは絶対にやりたいという感じ。一歳のときも、今でもそう。そうなると周りの声がまったく聞こえなくなる。だから周囲からすると〝話が通じない〟状態になっちゃう。みんなが歌を歌ってるときでも、カイヤは水道の水が流れるのを見てる子だった。私は保育園の先生の言葉に、毎日泣きながら帰ってた。


母の心には〝柔《やわ》いところ〟があると思う。もう少し具体的に言えば、母としての至らなさとして指摘されるとき。いや、たとえ相手はそんなつもりはなくても、大した言葉ではなかったとしても、なぜかズンとやられて涙が止まらなくなる。私だってそう。定期検診で軽く言われた医師の言葉に泣きながら帰ったこともある。冷静に考えると気にする必要はないが、そう頭で思っても、なぜか揺さぶられ泣いてしまう。チカさんはそうした心の柔いところを、ずっと突つかれてきたんだろうなと思った。

以前、発達障害という診断を初めてもらったときのことを話してくれたことがある。周囲のお母さんたちがショックで泣き崩れるのに対し、チカさんは心底ホッとしたのだそう。確か〝心が軽くなった〟と言っていた。常に自分が責められているように感じてきたチカさんにとっては、一つの解放だったのかもしれない。今は診断をどう受け止めているんだろう。

おととい長崎ハートセンターで新しい診断名をもらってきたの。英語で言うと、ASDADHDLD……。

あははは！

私は思わず吹き出して、ふたりで大爆笑した。だって、まるで呪文を唱えるように言うのだから、笑わずにはいられない。

日本語で言うと、自閉症スペクトラムADHD学習障害。来月同じお医者さんに診断名をもらう友達がいるんだけど、その友達に「この名前もらったよ」っていったら「それで？」って聞いてきた。「それで、って特に何もないよ」って答えたら「アドバイスとかないの？」って返してくるから、「何もないよ！」って答えたよ。あはは。

また笑ってしまう。〝名前もらった〟っていう会話がおかしかった。まるで偉い人からの授かりものみたいで。でも、ただ新しい診断名として名前をもらうだけなんて。私だったらその偉い人に「やっぱり要りません、返上します」って返したくなるかもしれない。本人のための名前じゃなく、他の誰かが識別するための名前なのだろうか。せめて、その名前をどう有効に使えばいいのか、教えてくれたらいいのにと思った。

最近三年生の子たちが地域センターに集まってるんだって。うちの子も仲間に入れてもらって、すごくうれしかったんだろうね、「絶対僕も行かなきゃいけないんだ!」って必死で言ってきてさあ。最初の二日ほど私も一緒について行ってたんだけど、「一人で行きたい」って言い出して。カイヤは何をしでかすかわかんないから、まだ単独で行動させたことなくて。でも、今回初めて行かせてみたのね。

彼にとって初めての一人行動。一人で歩いていって、一人で帰ってくる。それが大きな喜びだったみたい。満足そうにしてた。なんだけど……、やっぱり、四年生の子の足を引っ張ったとか、帽子を投げたとか、声が上がってきてるみたいで。支援の先生から「校長先生がセンターに謝りに行くそうですよ」って連絡がきた。カイヤは地域センターに行きたがるけど、「もう行けないの!」と言い聞かせてる。うちは母ひとり子ひとりだから、行き詰っちゃって。

聞きながら切なくなってきた。チカさんはまた一つ肩身を狭くし、また一つ行き場を失った思いだったろう。それにしても、なぜこうも包囲網が狭められるような流れになってしまうのか。

すごく、複雑な気持ちなんだよね。たとえば、足を引っ張ったとか、帽子を投げたとかって、普通の子がすることもあり得るじゃない？　トラブルがあっても、言い合ったり、ケンカしたり、いっとき絶交したりなんかもして、そうして互いにコミュニケーションを積み重ねて関わり方を得ていくと思うんだけど。そこに、「発達障害」というラベルを貼ってしまうことで、周囲の目が発達障害者としてしかカイヤを見なくなる。ある意味、カイヤは発達障害者としての道でしか生きられなくなる気がして。

〝発達障害と認めたい、誰かに無理やりそう言われたい〟そういう気持ちがある。その一方で、〝いや、この子はそんな〈類《たぐい》〉に縛られずに育てます！〟って気持ちもある。まだ発達段階で、人より遅いだけで、ある時期にきたらみんなと同じぐらいになるかもしれない、って。そうした望みを捨てられずにもいた。

でも普通の子として育てようというベクトルに乗せると、「これはできてよ、これもできてほしいよ、これぐらいはできてくれないと困るよ！」（だんだん声を大きくさせながら）みたいな感情になっちゃうんだよね。そうすると、私も息子も苦しくなる。

どうすれば苦しくなくなる？

この子は脳に障害があるんだから、私がどうやったって何をどうしたって仕方がないことで、この子をそのまま受け入れて、ありのままでいさせたほうが幸せじゃないか、って思う。ただ、家にいるときは、ありのままのこの子でいいって思えるんだけど、保育園に行ったり学校に行ったり、そうした社会と接すると問題がたくさん生じてくる。そんなとき、母親としての私が「この子はこのままでいいんです」って強く思ってないと、すぐ折れちゃう。

今は、この子を障害児として育てる方向に落ち着いてきた。この数年で、彼のこの特徴を〝個性〟としてそのまま社会に放り出すにはあまりに惨すぎると感じたから。障害児として、社会と、いかに調和して生きていくかって考えるようになった。ただ、そういう広い視野のことだけじゃなくて、この子との今をどう過ごしていくかということもある。

〝カイヤだけ、私の子ども〟っていうシンプルな思いだけで、生きてみたい。

近くにいたのに、なぜこの声が今まで聞けなかったのだろう。話を聞いた帰り道、何度もそう思った。

〝カイヤだけ、私の子ども〟っていうシンプルな思いだけで、生きてみたい。

チカさんが最後に発した言葉。

どこか甘美な響きがあり、惹きつけられる。
なぜそう感じるのか……。
おそらく発達障害児の母でなくとも、似たような思いを抱いたことはあるんじゃないかと思う。幼いわが子に、電車で大声出されてしまったとき、バスで徒《いたずら》に降車ボタン押されてしまったとき。母は社会との狭間に立ち、子どものためではなく、社会のために子どもを叱らなければならないことがある。まだものごとを理解できない幼い子にさえも。そういうものから解放されて子育てできたなら……。そう願ったことは、私にも確かにあった。
子どもは成長とともに社会性を身につけ、こうした悩みの深刻さは薄れていく。けれど、チカさんには八年間ずっとそれが付いて回っていたのだから、その願いはむしろ切実さを増し、それを実現させるというほうへ向かったのかもしれない。いずれにしても、それは母親の悲願であり、社会に屈服しない態度でもある。移住先でそれが実現できるのかわからないが、チカさんを応援したい。

ただ、「いってらっしゃい」と笑顔で手を振ることは、できない心境。彼らを失うのだという気持ちが込み上げてくる。自分勝手な感情だけれど、寂しいのだ。ふたりは自発的にこの町を出ていくようで、どこか私たちが排除したんじゃないかという疑念が拭えない。いつの間にか私は、幼い子を連れ肩身の狭い思いをしていた側ではなく、そうした存在を黙殺する側になっていたんじゃないだろうか。だから、チカさんの声が聞けなかったんじゃないだろうか。

チカさんが笑いながら話していた言葉。

たまにさ、友達とかに「チカちゃんだからこそ、カイヤが生まれて来たんだよ」って言われるんだよね。たぶんそれはさ、私のこと褒めて言ってくれてるんだろうけど、励ましてくれてるんだろうけど……、なんかそれすらもツラいんだよね。あはは。

確かに、その友人たちはチカさんを励まそうとしたのだろう。保育園の先生たちに理解を求めたり、学校の支援の先生にかけ合ったり、カイヤくんのために奔走してきた姿を知っているから、心から讃えてそうした言葉が出るのだろう。けれど、チカさんの「ツラい」も、そうだろうとも思った。

〝チカちゃんだからこそ、カイヤが生まれて来たんだよ〟

この言葉は、どこか〝向こう側〟から投げかけられている印象がある。だからか〝こちら側〟のチカさんの孤立感が際立つ。発達障害の子が生まれて、母親として困難を感じている。ハッキリそう言っているのに、その困難は母親のチカさんが背負うものだと、突き放されるような印象もある。

親は子を選べない。子も親を選べない。子は母から生まれてくる存在ではあるけれど、母と子はまったく別の個体で、ふたりは出会うのだと思う。否応なく、親になり、子になって、共に生きていく。そういうものだと思う。けれど、だからといって、〝発達障害の子が生まれてもあなたならきっと大丈夫〟なんて、私だったら押しつぶされてしまいそうだ。

それでも、投げ出すことができないのが母親。その心理は想像がつく。でもそれは、どこか社会が母親の特性につけ込んでいるようにも思える。この一点集中は、社会が望んだものであって、母親が引き受けたものではないのに。チカさんは、私だったかもしれない。カイヤくんは、私だったかもしれない。カイヤくんは私の子だったかもしれない。

出産撮影をしながらよく思う。生まれるときは、どの赤ちゃんも、どのお母さんも、両手広げて受け止められる。病院でも、助産所でも、助産師さんがケアしてくれて、〝よかったね〟〝大丈夫〟と手助けしてくれる。お母さんも赤ちゃんもホッとする、いい風景。いつから、どこから、そうでなくなっていくのか。

もうすぐ7月。今朝もチカさん親子に会った。いつものように笑顔で手を振り合った。この当たり前のやりとりが、当たり前でなくなる日が近づいてる。実感はまだ無い。

支援学級はインクルーシブ教育推進の一環。《多様な子を包み込み、互いに共生していく教育》。その一ミリ二ミリは、チカさん親子が押し広げてくれたと思う。けれど、彼らは長崎を出ていく。だから私は、その声を長崎新聞のエッセイで書くことにした。[*1] 二学期に彼らはもういない。彼女の声が消えて、何事もなかったように二学期が始まっていくのが嫌だったから。

＊1　繁延あづさ「友の小さな声（連載「写真の向こうから」〈一〇〉）」『長崎新聞』二〇二二年七月一九日。

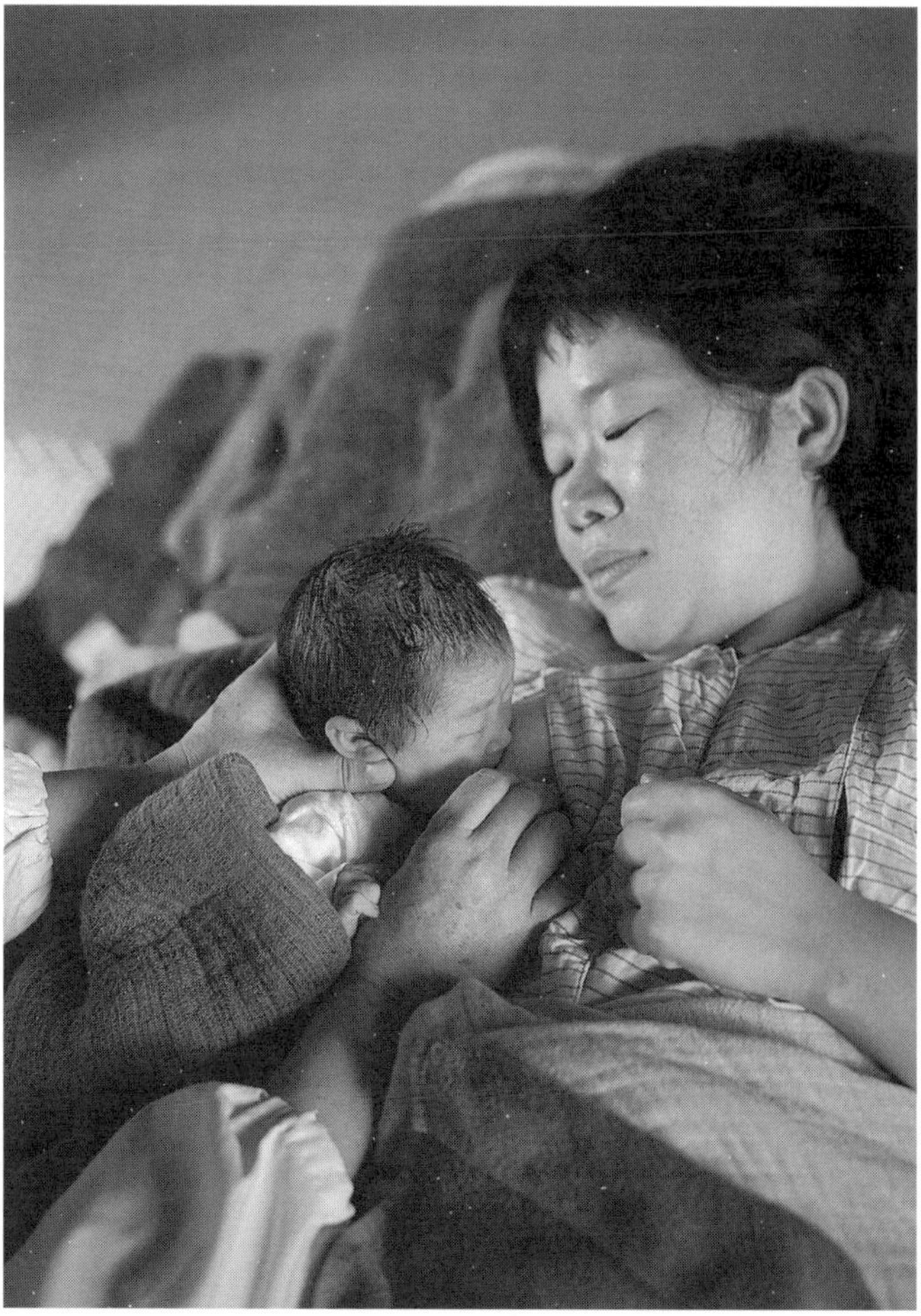

建築家の友人が、引きこもりや精神障害がある人たちが居住するシェアハウスをつくったという。その完成写真を撮る仕事を引き受けた。撮影を終えて機材を片付けながら、私は最近取材した高次脳機能障害の男性のことを話題にした。吉本新喜劇ばりのボケとツッコミの止まらない家族で、リハビリとも家族のレクリエーションとも区別のつかない感じがおもしろかった。それを誰かに話したかっただけだった。すると、友人からこんな言葉が出た。

「いやあ、僕らなんかは障害のある方に会う機会がないからねえ」

私は、なんだかとても不思議な感じがして、一瞬手が止まってしまった。会話はそのまま別の話題へと流れていき、私もそれ以上は何も考えなかった。

帰りの車を運転しながら、さきほどの言葉が思い出された。「障害者に会う機会がない」って、そんなことってあるだろうか？　そのとき私の頭に浮かんできたのは、〝いつもの人たち〟だった。娘の送迎など、日々の習慣化した移動中に見かける人たちのなかにユニークな人が何人もいる。すべての街路樹に触れながら歩いていく男性、アイドルになりきってダンスしながらバス停に並ぶ男性、横断歩道を必ず猛突進するように渡る女性など。

あれ？　でもそういえば、なぜ私はあの人たちのことを〝障害者〟だと思っているんだろう。誰も〝障害者〟という名札をつけているわけじゃないのに。そう考えていると、ふとある情景が思い出された。バスに乗る姿だ。毎日見るともなく見ていた風景のなかに、それぞれバスに乗りこむ姿があった。バスは福祉作業所の送迎バスだった。

つまり、私は無意識ながらも、勝手にその人のことを推測していたということか。なんだか自分がずいぶん失礼な人間に思えてきた。いや、これが特定の仕事の人だったら、それは逆に必要な目線だと思う。以前、医学書院の白石正明さんがこう話されていた。

「ケアする人は見てるんですよ。いつも【attention】、注意を向けて、テンション張って見ている。だから気づけるし、ケアができるんです。」

ケアする職業の人だったら必要な目線だけれど、ただの傍観者の自分はなんだか失礼な気がした。そもそも注意を向けている自覚などない。でも、確かに、私は見ていた。毎日見続けていたことで、福祉作業所へのバスに乗りこむところを目撃し、〝いつもの人たち〟が社会のなかで〝障害者〟と呼ばれる人であることに気づいた。

神奈川県にある「りんごの木子どもクラブ」は、15年ほど前からときどきお邪魔している無認可の保育施設。この原稿を書いているちょうどいま、代表の柴田愛子さん執筆の本が進行中で、私は写真担当としてご指名いただいた。

「りんごの木」にお邪魔するときの私は、いつもカメラを持ってふらりと遊びにいく感じで、〝撮る〟というより〝過ごしてる〟に近い。ふっと近づき、グッと遊んで、さっと離れる。そういうことが、子どもたちといると自然にできてしまうから。

先日撮影に行ったときの写真を見返すと、ある男の子の写真が多い。りゅうちゃんだ。連写かと思うような、わずかな変化しかない写真が無数にあり、思わず苦笑いしてしまう。こういうことはよくある。編集者に渡すときには、バランスよく

いろいろな写真を渡すのだけれど、実際に撮った写真はかなり偏りがある。
　りゅうちゃんは、誰とも遊ばないし、関わろうともしない。ずっとひとりで過ごしている。だけど私には、誰かと過ごしているみたいに見えた。微笑んだり、笑ったり、困った顔をしたりしていたから。

　朝、「りんごの木」に来て、しばらく机や椅子の上に乗ったりしていたりゅうちゃんは、風に誘われたみたいに笑って外へ駆け出していった。しばらく真剣な表情で側溝のなかを眺めて、そのあと玄関に戻ってボールを見つけて手にした。しゃがみながら両手で持って、少し不思議そうに見つめ、そしてゆっくりと、坂道の途中で手を離した。その一連の動きに私は見入っていた。穏やかなのに、一瞬一瞬に息を呑むような迫力があった。が、ボールが勢いを増して転がり始めたとき、ハッと我に返った。その坂の下は一般道と合流する。あぶない！　慌ててボールを追いかけようとすると、子どもを送り届けた別のお父さんがうまい具合に拾ってくださった。そのときのりゅうちゃんはというと、半分微笑んで、半分困ったような顔をしていた。

朝の集いのあと、部屋で遊びたいグループと、公園に散歩に行きたいグループに分かれた。りゅうちゃんがどちらにするか気になっていたら、どうやら公園散歩グループについていくそう。私も一緒に歩き出した。

公園の手前にある橋を前にして、子どもたちが駆け出す。それに合わせてりゅうちゃんも走り出したのは、ちょっと意外だった。でも、りゅうちゃんは渡った先でダンゴムシを見つけ、そこから

動かなくなった。座り込んでダンゴムシを手に乗せ、驚きと悦びに満ちたような目で眺めていた。まるで世紀の大発見をした研究者のよう。その様子に他の子たちも気になったのか、何人かやってきて一緒にダンゴムシを見つめていた。このとき初めて、りゅうちゃんが他の子たちと一緒にいる風景を見た。そのあと他の子たちは離れていったけど、りゅうちゃんはみんなが寄ってきたことも、離れていったことも、ほとんど気に留めていない様子だった。ダンゴムシが手の甲を這うのを、微笑みながら眺めていた。りゅうちゃんには、風も、ボールも、ダンゴムシもいる。

ここまで書いて気づく。私は注意を向けているのでも、テンション張って見ているわけでもない。引きつけられるのだと思う。私の目は引っ張られるように、その方に向いてしまう気がする。街路樹ひとつひとつに丁寧に触れていく人の手を、バス停で周囲の空気を断ち切ってパフォーマンスする彼を、子猫のような必死さで横断歩道を突っ走る彼女を。そして、見ているうちに、心に引っ掛かってくる。しばらく見かけないと探してしまうのは、そういうことなんだろう。

こんなふうに見てしまう人は、じつは他にも結構いるんじゃないかと思う。私自身がそうであるように、ふだん口にすることはないけれど。それは障害者や発達障害者というよりも、もっと直感的な〝特別な人〟という見え方で、すうっと見蕩《みと》れてしまう。引きつけられる。

りんごの木子どもクラブ代表の柴田愛子さんが言っていた。

「ここ数年で、周囲の保育園や幼稚園で入れなかった子という子がウチに来るようになった」

そう言われてみれば、最近はダウン症や自閉症の子を見ない年はない気がするし、そういう子が何人もいたりもする。素人の私がパッと見てわかるのはその程度だけれど、りんごの木は結果的に、周囲の保育園や幼稚園とは違う構成になっているのかもしれない。はからずも〝多様〟の箱庭を覗いているような。

「りんごの木」のことは誰かに説明するのが難しいといつも思う。一応〝子どもの心に寄り添う保育〟という言葉が使われるが、それは保育者の姿勢であって、圧倒的多数の子どもたちのほうは毎年雰囲気が違うし、どんどん変わる。構成員となる子らが入れ替わると、彼らの社会も変わっていく。困ったことが起きて、その都度ルールとも約束ともつかぬものができたりするが、翌年には

それが無くなっていたり変容していたり。

新年度の四月はいろいろな特徴がぶつかり合いやすい。ケンカをよく見かける。言い争ったあと一〇分も睨み合っていた子たちもいた。野良猫みたいに。でもそれが、年度末の三月になるとずいぶん空気が馴染んでいたりする。

四月に来たとき、ダウン症のMちゃんを指差して「あの子ちょっとふつうじゃないから」と私に言ってきた五歳の女の子がいた。でもそれは、世の中で〝差別〟と呼ばれるものとはまったく違う印象だった。よそ者の私に対し〝付き合うなら気にとめておいたらいいよ〟とでも言うように教えてくれたのは、ささやかな力添えのようなものだったのだろう。

その彼女が、次の三月に会ったときには、頻繁にMちゃんをギュッと抱きしめる子になっていた。いや、特別仲良しになっていたというわけでもなさそうだった。ただ、公園までの道や、部屋を移動するときなど、そこにMちゃんがいると、ギュッとハグをしていく。とても心地よさそうに。帰り際も、「また明日ね、Mちゃん」と抱きしめられて、Mちゃんは満面の笑みを浮かべていた。そのとき、それを見ていた別の男の子がハグすると、Mちゃんが困ったように泣き声を出した。その反応に男の子が「え、そうなの？」と困惑していたのも、私にはおかしかった。

触れ合って、感じ合うことを繰り返すうちに、変わっていく風景。付き合い慣れていくなかで、それぞれの関わりが生じてくる。ただ、〝付き合い慣れていく〟ということは、時間がかかるということ。子ども時代のそうした機会を減らしてしまうことに、私たち大人はどれほど慎重だろうか。

◈

今回〝発達障害〟〝障害者〟という言葉を使って書いてみたが、じつは私も障害者だった。小さい頃から吃音があり、最初の発語ができないまま、言葉が出ないことも多かった。取り立てて病院に通ったり診断を受けたりしたことはないが、そういう自覚はあったように思う。母親が特別支援学校の教師だったせいか〝しょうがいしゃ〟という言葉が早くにインストールされていたのもある。幼い当時は身体の不自由さをそれだと思っており、自分が当てはまっていたから。

話せないことよりも、その最初の音を連発してしまうみっともなさに、恥じ入る心境が大きかった。国語の授業で、句点で交代する席順の音読が大嫌いだった。順番が近づいてくるにしたがって動悸がして、緊張の頂点という心理状態で発語するという罰ゲームのようなひととき。小学生の頃の記憶は鮮明に焼き付いている。

ただし、私にとって吃音は、深い悩みの種であったのは間違いないのだけれど、他の誰にも知られることのない秘めた世界という側面もあった。吃音をもつ自分の身体を疎ましく思う反面、〝自分だけが知っている〟という独自性が、思春期の頃には程よい孤独を与えてくれていたとも思う。高校生になる頃には、吃音をだいぶ乗りこなせるようになって、表面的には吃ることが減っていった。今も家族の前ではよく吃るが、かつてあった〝治したい〟という切実な思いはない。吃音があってよかった、などと言うつもりもないし、そんなこと到底思えないが、自分と不可分な吃音と生きてきたから、今はそれを否定する気にもならない。

〝発達障害〟と〝吃音〟は障害の特徴は違うけれど、社会で柔軟に捉えられやすいという意味では通じるものがあるような気がしてる。吃音は、その場の雰囲気や相手によって、顕著に発露することもあれば、自分でも驚くほどなめらかに話せることもあるし、吃っても気にならない場もある。その異なりは、自分の輪郭を浮かび上がらせると同時に、周囲の環境の多様さも教えてくれた。〝話せる〟のは自分ではなく、かといって周囲がそうさせてくれるわけでもない。その間に生じる何かが不思議な作用をする。そこに可能性のようなものを感じていた。いつも違う風景に出逢いながら、ずっと可能性を見ていた気がする。そうして、否定も肯定もする気にならない私の吃音がある。今だから言える、当事者の言葉の一つとして書いてみた。

第 8 章

発達特性を障害化させないこと

志岐靖彦

1．自己紹介に代えて

二〇二一年ノーベル物理学賞を受賞された眞鍋淑郎氏が、プリンストン大学における記者会見の席上で、「日本では周囲との同調が求められるのに対し、米国では周りを気にせずやりたいことができる」という旨の発言をされました。私にはこの発言が、日本ではダイバーシティ&インクルージョンが進んでいないことに、警鐘を鳴らしたように聞こえました。と言うのは、ほぼ単一民族で構成されている日本では同調や協調を重視するあまり、一人ひとりの違いを認めることを疎かにしがちで、結果的に社会全体で多くの人のモチベーションを抑え込む結果になっていると、私は考えているからです。

そんな私は二〇一九年に、「組織におけるニューロダイバーシティ（脳の多様性）の理解と雇用促進」をテーマに、いきいきムーンを立ち上げ、神経発達症（以下、発達障害）、ＬＧＢＴＱ＋[*1]、ＨＳ

＊1　ＬＧＢＴＱ＋：性的少数者の総称。Ｌは女性を恋愛や性愛の対象とする女性の「レズビアン」、Ｇは男性を恋愛や性愛の対象とする男性の「ゲイ」、Ｂは男女どちらも恋愛や性愛の対象とする「バイセクシュアル」、Ｔは身体的な性と自認する性が異なる「トランスジェンダー」、Ｑは自分の性自認や性的指向が定まっていない「クエスチョニング」、＋は自分の性自認が男女どちらにもはっきりと当てはまらないＸジェンダー、非性愛者のノンセクシュアル、絆が強い相手にのみ性的欲求を抱くデミセクシュアルなど、ＬＧＢＴＱ以外の「プラス」。

[*2]Pなどで生きづらさを感じているニューロマイノリティの当事者と、親や親に代わって子どもを育てている養育者（以下、養育者）、教員や各種機関の支援者（以下、支援者）、職場の仲間や上司や経営者（以下、雇用者）、つまり当事者と当事者を取り巻く人たちが相互理解を図るための自助会や、「発達特性と発達障害の違い」などのニューロダイバーシティセミナーを月一回のペースで開催してきました。忘れもしません。新型コロナウイルス感染症（COVID-19）のパンデミックで日常生活に大きな変化が始まったなか、二〇二〇年三月二〇日にいきいきムーンが開催した「ハッタツ×支援者」の会に、本書の編著者である横道氏が初参加されました。以後、横道氏はいきいきムーンのいくつかのイベントに参加やコラボしてくれ、私が実行委員を務めた二〇二〇年一〇月一八日、大阪市中央公会堂での「ハッタツエキスポ」にも参加してくれました。

その横道氏から本書の共著を依頼され、二つ返事で受けたものの、私は一介のキャリアコンサルタントであり、臨床心理士のような深い心理的知識もなく、また研究者のような学術的エビデンスも持ち合わせていません。ただ毎年数百人の生きづらさを感じている当事者やその養育者、支援者、雇用者との対話を通して感じたことや見えてきたもの、そして私がセミナーで伝えている内容なら綴ることができると考えました。ですので、私の綴った内容に読者のみなさんが、「そうだ！ その通りだ！」と思う必要はありません。これからみなさんが、ニューロマイノリティの人や発達障害のことをどのように理解し、今後どのように行動していくかを考えるキッカケになれば幸いです。

2. 日本の現状

二〇〇六年の国連総会において障害者の人権及び基本的自由の享有を確保することなどを定めた「障害者権利条約」が採択された翌年の二〇〇七年に、日本では「KY（空気が読めない）」という言葉が新語・流行語大賞にノミネートされました。その後、日本は二〇一一年に障害の定義の拡大や合理的配慮の概念の導入等を目指し「障害者基本法」を改正し、二〇一二年に障害者の自立支援を総合的に行うことなどを目的に「障害者自立支援法」を「障害者総合支援法」へと改正しました。さらに、二〇一三年には共生する社会の実現に向け、障害を理由とする差別の解消を推進することを目指し「障害者差別解消法」を制定しました。その他、関連する法制の整備を経て、ようやく世界の一〇〇か国以上が批准した後の二〇一四年にやっと「障害者権利条約」に批准できました。それほど日本は障害に対する理解が世界の水準以下であったということです。

その後、厚生労働省が二〇一六年に調査した結果によると、発達障害者と診断された人の数は、四八万一〇〇〇人[*3]だったのに対し、二〇一二年に文部科学省が調査した結果によると、発達障害の可能性のある児童数（いわゆるグレーゾーン・発達障害特性（以下発達特性）のある児童）は、六・五

＊2　HSP：「繊細さん」と呼ばれている、音や光、匂い、感情などの刺激に対して過敏に反応する傾向があるハイリーセンシティブパーソン。刺激を探求するがその刺激に圧倒されやすいタイプと、静かな環境が好きで危険は冒さず刺激を回避するタイプの二つのタイプに大別される。

%でした。[*4] 仮に人口を一億二〇〇〇万人とした場合、人口比にしてその六・五%である七八〇万人を発達特性のある人とします。そのうちの四八万一〇〇〇人が発達障害と診断されたということは、つまり発達特性のある一〇〇人に六人が発達障害を発現させると読み取ることができます。なお、二〇二二年に厚生労働省が調査した結果はまだ公表されていませんが、二〇二二年に文部科学省が調査した結果では、発達特性のある児童は、全体の八・八%と公表されました。[*5] たった一〇年で二%以上増大したということは、「KY」という言葉は影を潜めましたが、日本には発達特性をもった人が発達障害を発現させる要因がまだ多くあるということです。

先に述べた私の「ニューロダイバーシティセミナー～発達特性と発達障害の違い～」では、次の点について最初に話しています。

①ニューロダイバーシティ＝発達障害ではないこと
②発達障害は病気・疾患ではないこと
③発達特性と発達障害の違い

そして、発達特性のある人が発達障害を発現させないためや、生きづらさを感じている人がいきいき生きていくために、当事者にとって社会的環境要因となる養育者、支援者、雇用者との対話を重ねてきました。

余談ではありますが、いきいきムーンが職業能力開発促進法において国家資格と定められたキャリアコンサルタントに二〇二一年二月にアンケートを行い、一七七六名から回答を得た集計結果では、九割近い八九%が「ニューロダイバーシティという言葉を知らない」と回答し、「発達障害は病気・疾患ではない」と回答したのは五一%、そして「発達特性と発達障害の違いを説明できる」と回答したのは、二割以下の一六%でした。

このような結果になった理由として考えられるのは、これまでの発達障害の専門書やノウハウ本、また各種セミナーなどでは、ＡＤＨＤ（注意欠如・多動症）、ＡＳＤ（自閉スペクトラム症）、ＳＬＤ（限局性学習症）を解説するものが多く、基本中の基本である発達障害が病気でないことなどを明確に伝えていないことが多いからです。ですので、私のセミナーでは、「ニューロダイバーシティ＝発達障害ではないこと」、「ニューロダイバーシティとは、脳の多様性のことであり、全人類の一人ひとりの脳や神経の違いを多様性と捉えて、それを理解、尊重し合うという人間理解の発想から生まれていること」、そして「一人ひとりの脳や神経は違うのだから、その違いを正す、治すではな

＊3　厚生労働省「平成28年生活のしづらさなどに関する調査（全国在宅障害児・者等実態調査）結果の概要」二〇一八年。

＊4　文部科学省「通常の学級に在籍する発達障害の可能性のある特別な教育的支援を必要とする児童生徒に関する調査結果について」二〇一二年。

＊5　文部科学省「通常の学級に在籍する特別な教育的支援を必要とする児童生徒に関する調査結果について」二〇二二年。

＊3

＊4

＊5

く、ましてや平均やマジョリティに合わせるのでもなく、その違いを理解し一人ひとりの可能性をどう伸ばし活かすかを考えるマネジメントであること」をお話ししています。

3. 発達特性と発達障害の違い

私たちは目に見えるものは理解しやすいですが、目に見えないものは理解しづらいです。ある意味、この目に見えない違いを理解するということが、ニューロダイバーシティを理解するうえで一番大切かもしれません。そしてもう一つ大切なのが、前節で触れた「発達特性のある一〇〇人に六人が発達障害を発現させる」ということの意味を理解することです。

発達特性を個性、気質、才能と言うのは、他人が見て言うことであって、本人にとっては、「ありのままの自分」なのです。しかし、この発達特性に理解のない家庭や教育や仕事の現場では、「ありのままの自分」を認めず、養育者、支援者、雇用者が平均やマジョリティに合わせさせようと指導やアドバイスを行います。そのような指導やアドバイスを社会的環境要因と言い、そうした社会的環境要因が発達障害を発現させていることをお話ししています。

発達特性＋社会的環境要因＝発達障害

この図式は、障害は本人に由来するものという「医学モデル」概念から、本人だけでなく社会的環境要因が加わって障害化するという、先に述べた二〇〇六年の国連総会において障害者権利条約の採択で取り入れられた「社会モデル」の概念です。これにより発達障害は遺伝するものという「医学モデル」一辺倒だった日本でも、遺伝した発達特性だけでなく、社会的環境要因が加わって発達障害が発現すると謳われるようになりました。

先に綴ったように、この社会的環境要因とは、養育者、支援者、雇用者の価値観の押しつけです。つまり「ありのままの自分」を認めてもらえず、指導やアドバイスがなされることで、「できること」と「できないこと」の差の大きい発達特性のある人にはそれが大きなストレスとなり、脳に大きなダメージを受けることで、発達障害が発現する要因の一つになっているのです。また発達障害ばかりか、この脳への大きなダメージがうつ病や適応障害などの二次障害までも引き起こす可能性があるのです。子どもの場合だと「子どもに良かれ」と思ってなされる養育者や支援者の指導やアドバイス、そして社会常識などの押しつけが、社会的環境要因そのものなのです。

養育者、支援者、雇用者が発達特性の「できないこと」に着目するのではなく「できること」に着目し、社会の常識、社会の普通、社会の当たり前に同調することを求めず、一人ひとりの違いを理解することができれば、発達障害を発現させることは激減できるのです。

4．当事者の生きづらさの正体

自助会には、対話を中心にしたオープンダイアローグ形式[*6]の生きづらさにフォーカスするヒーリング傾向の自助会と、ワークショップ形式の可能性にフォーカスするビルド傾向の自助会があります。オープンダイアローグ形式の自助会は、悩みや苦しみを吐き出す場、同じ悩みを共有できる場、困り事を相談する場となり、ワークショップ形式の自助会は、自分について深く知れる場、同じ苦手の原因を分析し合える場、成長のヒントが得られる場となっています。オープンダイアローグ形式とワークショップ形式、どちらが優れているかではなく、どちらも必要な社会資源ですが、いきいきムーンでは、ほとんどをオープンダイアローグ形式で行っています。

ここで、いきいきムーンが発足時から用いているルールを紹介します。

①ここで得た個人情報は外に持ち出さない。
②どれくらい自己開示するかは各自が決める。
③指名されても答えたくないときは答えなくてよい。
④発言・フィードバックするときは必ず手を挙げて、ファシリテーターに指名されてから言う。
⑤誰か一人が場を独占しないために、発言時間は一人一回当り二分以内とする。
⑥他人の発言に一方的な判断や決めつけをしない。

⑦自分のことも決めつけない。

　このルールの下で、当事者は「できないこと」に対して周囲から与えられた生きづらさを語りながら、自分自身の「できること」と「できないこと」の自己理解・自己受容を深めていきます。どうして医師やカウンセラーや家族に相談しても軽減できなかった生きづらさを、自助会で対話を重ねることによって、軽減できるのか。それは、この七つのルールで、自助会が決して否定されない安心で安全で、参加者全員がフラットな関係である場を築いているからです。医師とは診断する側とされる側、カウンセラーとは相談する側とされる側、そして家族とは親と子という上下関係のバイアスがかかっています。さらにもう一つ自助会で大切にされているのは、どんな対話が繰り広げられても、当事者本人の自己決定権が尊重される点です。

　しかし、こうして一人ひとりの違いを認め合い、誰の価値観も決して押しつけられることのない、当事者にとって安心で安全な場である自助会に参加したからと言って、誰しもがスムーズに自己受

＊６　**オープンダイアローグ**：一九八〇年代にフィンランドの病院で始められた統合失調症のケア（癒し）の技法。それまで薬物療法を使うことが前提だった統合失調症という病気に対して、患者、患者の家族、そして医師や看護師やセラピストなどが、対等な立場での対話を通して症状の回復を目指した、非常にシンプルな手法、あるいはそのようなシステム。キュア（治療）ではなく、ケアの技法であるのに、結果的に統合失調症が治ってしまうことで、精神医学の領域では大きなインパクトをもたらした。

容できるわけではありません。

次に当事者が自己受容するまでのステップの例を綴ります。

ステップ①：自分の発達特性に全く無自覚な状態。

ステップ②：何となく自分と周囲の人との違いに気づき、もしかしたら自分は発達障害かもと意識し始める状態。

ステップ③：自分は発達障害ではないと否認し、努力や工夫で何とかして発達特性をカバーしようと苦悩する状態。

ステップ④：自分の発達特性を受容でき、その発達特性を周囲の人にも認めてもらいたいと望んでいる状態。

ステップ⑤：周囲の人が自分の発達特性を理解してくれなくても、ありのままの自分を受け入れた状態。

こうして自己受容ができると、生きづらさは軽減していき、自己肯定感が高まっていくのですが、当事者の中には、このステップを上がっていくのに長い年月を要するケースもあります。特に周囲の人が無意識に行う「工夫すればできるようになる」的な指導やアドバイスに囚われ、ステップ①から③を行き来する人も少なくありません。

５．養育者の良かれという思い

養育者が発達特性のある子どもの「できないこと」に着目して行う指導やアドバイスは、養育者の価値観の押しつけです。発達特性があるため、努力や工夫をしても「できないこと」を、「もっと努力しろ」「工夫が足りない」と叱咤することで、脳が強いストレスを感じ、発達障害を発現させていることがあります。

いきいきムーンでは、生きづらさを感じている当事者と養育者とが対話する自助会、「ハッタツ×アダルトチルドレン」、「ハッタツ×毒親」、「ハッタツ×親支援」などの会を開催しました。そこで、

母親から毒（指導やアドバイス）を吐かれると、自己肯定感がなくなる。
母親の顔色ばかりを気にして、自分の人生を生きていなかった。（五〇代女性当事者）

と母親に子どもの頃から結婚してまでも支配されていた当事者が、自助会で自分の人生をふりかえる場面がありました。また対話が進むうちに、

母性神話が母親を苦しめていることがわかった。（四〇代女性当事者）

と、自分に生きづらさを与え続けてきた母親を許すことはできないけれども、実は母親も自分の母親に「できないこと」に着目されて、指導やアドバイスを受け生きづらさを感じていたことに理解を示す当事者もいました。

さらに発達特性のある子どもの育てづらさに悩んでいた養育者が、

> 子どもを変えようとして必死になっているのに、子どもは一向に変わらない。その疲れが怒りという感情となり、毒親になっていた。（五〇代女性養育者）

と自身が毒親と呼ばれる存在になってしまっていたことを自ら認める人もいました。そうして対話が進むと、

> 普通という言葉はあるが、普通には基準がない。（二〇代男性当事者）

> 親子の話し合いが大切だったと感じることができました。（四〇代男性養育者）

と社会の常識、普通、当たり前が、発達特性をもった子どもにとっては、常識でも普通でも当たり前でもなく、ただの苦痛でしかなかったことを訴え、さらにそれを理解した養育者が対話のなかっ

たことを悔やむ発言などもありました。

そして、

息子がADHDとASDの診断を受けた後、私から去った。

今日、ここに来て、息子が私から去った本当の理由がやっとわかりました。（五〇代女性養育者）

と発達障害のことを知りたくて、自助会に初めて参加した人が、参加者たちの話を聞いて内省を深めることもあります。

こうして自助会では、同調を求められるヒエラルキーな日本のピラミッド構造のなかでは、誰もが無意識のうちに価値観や社会常識などを押しつけられたり、押しつけたりしていることの理解が進みます。そして養育者が良かれと思って行っていた指導やアドバイスが、発達特性のある子どもに発達障害を発現させる社会的環境要因であることに心から納得します。

6．支援者の悩みや不安

いきいきムーンが発足する前の自助会というのは、発達障害者だけが集まる「当事者会」か、もしくは発達障害者とその養育者が集まる「家族会」がほとんどでした。そこで、いきいきムーンでは、支援者にも自助会に足を運んでもらい、当事者と支援者が相互理解を深める場として、「ハッタツ×支援者」などを開催しました。そこにはさまざまな領域の人（たとえば、医師、看護師、臨床心理士、公認心理師、精神保健福祉士、社会福祉士、理学療法士、作業療法士、言語聴覚士、教員、保育士、臨床発達心理士、児童支援員、学童保育指導員、就労支援員、社会保険労務士、産業カウンセラー、キャリアコンサルタントなど）が参加しました。そのなかには当事者をどうにかして社会に適合させたいという思いをもっている人もいました。けれどもいきいきムーンでは、会の参加者がネガティブな点ばかりに注目し始めた際には、リフレーミング[*7]の技法を用いて、物事を多角的に見るようにフィードバックはするものの、当事者だけでなく支援者の「ありのままの自分」も変えることを促してはいません。

むしろニューロダイバーシティを理解し、インクルーシヴ社会の実現を目指しているので、物事の感じ方、捉え方は人それぞれであり、「あなたにはこの世界がどう見えているか」や、当事者一人ひとりに本当に必要な配慮や支援を、その支援者自身に考えてもらっています。というのは支援の場では、支援する側、支援される側という立場が明白ですが、自助会でオープンダイアローグ形式の対話を行うと、当事者と支援者がフラットな関係で相互理解が図られます。養育者がどう子どもを育てたらよいか悩んで自助会に参加するように、支援者が悩みを打ち明けられる場も自助会です。また悩みを抱えた支援者自身が自分の悩みや不安を話さなくても、自分と似た悩みを複数の人たちが話しているのを聞くことで、自分の悩みや不安を俯瞰できるエンプティチェア[*8]的な効果もあります。

支援者の悩みや不安の多くは、発達特性のある人へのアプローチよりも組織レベルでしなくてはならないことと、支援者の個人レベルでしたいことの解離である場合が多いです。なぜなら支援者も組織に雇用されているピラミッド構造に組み込まれた人間だからです。しかし自助会は、組織を気にすることなく自由に個人の立場で発言でき、悩みごとに共感してもらえる、支援者にとっても癒しの場であると言えます。また組織に属していない支援者、たとえばフリーランスであっても、お金という対価に何らかの目に見える成果を出さねばならないと苦悩している例も少なくありません。支援者向けの自助会で、上下関係のない当事者の生の声や領域の異なる支援者の話を聞くことで、支援者自身に大きな気づきがあります。その自助会で毎回のように話題に上がるのが、ズレている支援者についてです。

＊7　**リフレーミング**：人や物事を見るフレーム（枠）を変えること。状況枠の見方を変えると、「その状況では役に立たなかったけど、別の状況では役に立つかもしれない」、時間枠の見方を変えると、「現在は上手くいっていないかもしれないが、この経験は将来活かせるかもしれない」、内容枠の見方を変えると、「その人や物事にはその価値だけでなく、もっと別の価値もあるかもしれない」と捉えることで、ネガティブな見方をポジティブな見方に変換できる。

＊8　**エンプティチェア**：自分の悩んでいる問題について、空の椅子に向かって自分が話したい相手が座っていると想定し、言いたいことを言うことで、自己理解・自己受容を深めるツールの一つ。

7. ズレている支援者

当事者がズレていると感じる支援者の一つ目は、「理論やエビデンスのなかに答えがあると思っている支援者」です。一人ひとりは違うのに、「ＡＤＨＤだから」とか「ＡＳＤだから」と、目の前の当事者を見ず、過去の理論やエビデンスに囚われ、支援者の知識内の思い込みに陥る危険性を秘めている支援者は少なくありません。日本人にも色んな人がいるように、ＡＤＨＤの人にも、ＡＳＤの人にも、色んな人がいるということを理解しようとしていない支援者は、目の前の当事者に好意的関心を寄せることなく、レッテルを貼って理論やエビデンスで学んだ指導やアドバイスをします。どんなことも当事者自身から話を聞く姿勢が大切だということを、支援者が再認識できるのが自助会です。

当事者がズレていると感じる支援者の二つ目は、「自分自身の自己満足のために支援している支援者」です。たとえば「私は長年あなたたちのような方を支援してきたけどね」と、上から目線で指導やアドバイスをする支援者です。支援する側とされる側を明らかにするこういう支援者は、成功例などを持ち出し、支援者が思う方向に導こうとしたりします。支援者が思う方向に導くのではなく、フラットな関係を築くことで、当事者がどの方向に行きたいかを、当事者から教えてもらう姿勢が大切だということを、支援者が再認識できるのが自助会です。

当事者がズレていると感じる支援者の三つ目は、「自分は偏見などもっていないと思っている支援者」です。誰しもが自分の価値観をもっているので、実は全く偏見をもっていない人などいないことを理解しておらず、自分は偏見などをもっていないと言い張る支援者です。そういう支援者に当事者が、「あなたも発達特性ありますね」と問い掛けると、「何て失礼な！」という返答がきたりします。「失礼な」ということは、偏見をもっている証拠です。「偏見をもっていない」「差別をしていない」という人ほど、偏見をもっていて、差別をしているということを、これまでそういう体験を数多くしてきた当事者たちはあっさりと見抜きます。支援者にも当事者にも、それぞれの価値観があり、その価値観を明らかにできる場が自助会です。

当事者がズレていると感じる支援者の四つ目は、「発達障害を病気だと思っている支援者」です。手帳をもっているから、通院しているから、薬を飲んでいるからという理由で、未だに発達障害を病気だと思い込んでいる支援者です。自助会で発達障害の専門医師から、治療ではなく診断をしているだけで、処方しているのは治療薬ではなく対処薬であることを知らされて、やっと理解される支援者もいます。発達障害は、病理・病気・疾患ではなく、脳の多様性の一つです。支援者が脳の多様性を活かす支援に方向転換できるのが、自助会です。

当事者がズレていると感じる支援者の五つ目は、「当事者の困りごとを解決しようとする支援者」です。二つ目の「自分自身の自己満足のために支援している支援者」と非常に似ていて、当事者から「考える権利」を奪い、支援者の価値観に基づいた答えへと誘導してしまう支援者です。支援者が答えを教えるのではなく、当事者自身が自ら考え選択する権利、失敗する権利を守ることを心掛けることができるようになれるのが自助会です。

8．平等ではなく公平

以上の五つが、当事者がズレていると感じる支援者の代表的なものですが、私が支援者向けにセミナーを行う場合、もう一つ大切にしてほしいことをお伝えしています。それは、どんな人にも一律な配慮や支援を平等にするのではなく、一人ひとりの違いに応じた公平な配慮や支援を心掛けてほしいということです。なぜなら平等にするのは、一人ひとりの違いにアンテナを立てる必要なくできます。しかし公平にするには、一人ひとりの違いにアンテナを立てて対応するスキルを養わなければなりません。実は平等というのは、支援する側にとっては非常に楽なのです。楽というのは、ある意味、する側にとっては効率的です。ダイバーシティ&インクルージョンを進めるために、平等ではなく公平にするということは、非効率的なことが多々あります。日本社会はまだその非効率さを受け入れていません。というよりその真逆で、多様性を受け入れないばかりか、枠にはめられることを嫌っている当事者に、その社会の枠に適応するためのスキルを、身につけるよう促す指導やアドバイスをしているのが実情です。

支援者は自分自身が、当事者に効率を重視する社会に合わせさせる行動をしているのか、社会が一人ひとりの違いを理解する方向に動くよう行動しているのか、自分で自分を見極めて欲しいのです。当事者が自分の「できること」と「できないこと」を見極めて自己理解するように、支援者もダイバーシティ&インクルージョンを図るうえで、自分の「できること」と「できないこと」を見極めてほしいのです。そのことを自助会で支援者が自己開示しても、誰もその支援者を批判したりはしません。なぜなら自助会は相互理解をする、小さなインクルーシヴ社会だからです。

9．社会資源としての自助会

冒頭に発達障害、ＬＧＢＴＱ＋、ＨＳＰなどで生きづらさを感じている当事者とその養育者、支援者、雇用者が相互理解を図るために、私はいきいきムーンを立ち上げたと綴りました。自助会は当事者が悩みや苦しみを吐き出す場、自分について深く知る場と述べましたが、それは当事者だけでなく、養育者、支援者、雇用者も同じなのです。自助会は当事者だけで行えば、当事者にとってのヒーリングの場ですが、そこに養育者、支援者、雇用者という社会的環境要因になっている人たちがフラットな関係で加わることで、参加者全員が自己開示し、相互理解し、みんなで一人ひとりの可能性をどう伸ばし活かすかを考える社会資源の場になるのです。

実はこうした自助会の有効性に関しては、二〇二二年四月二日の世界自閉症啓発デーに開催された「自閉症学超会議！」のパネルディスカッションにおいて、哲学分野の大阪大学の野尻英一氏、心理学分野の中央大学大学院の髙瀬堅吉氏、生物学分野の東北大学大学院の大隅典子氏、社会学分

写真８－１　自助会フェスタ2023（2023年11月11日）
注：左より、石橋尋志氏（さかいハッタツ友の会代表）、筆者（志岐靖彦：特定非営利活動法人いきいきムーン代表理事）、広野ゆい氏（DDAC 発達障害をもつ大人の会代表）、片山泰一氏（大阪大学大学院連合小児発達学研究科教授）、村中直人氏（一般社団法人子ども・青少年育成支援協会代表理事）。

野の早稲田大学の竹中均氏、当事者研究分野の東京大学の熊谷晋一郎氏、そして連合小児発達学分野の大阪大学大学院の片山泰一氏の全員から、一定の有効性を認めてもらえました。

これまで綴ってきたように当事者にとっては、私たちの暮らしている経済効率を優先する社会では、さもマジョリティが正しいかのように脳にインプットされ、アンコンシャス・バイアス（無意識の偏見）が溢れています。そんな社会にいる発達特性のある子どもたちの養育者、支援者に、めには、まずその子どもたち一人ひとりを理解するた「子どものために」ということが発達障害を発現させる社会的環境要因になり得ることを理解してもらうことが、大切であると私は考えています。風邪をひいてから治すのではなく、風邪をひかない環境を整えるという発想です。

ずいぶん前置き的な話が長くなってしまいまし

たが、発達特性のある子どもに発達障害を発現させないためには、子どもに何をするか、させるかではなく、子どもの養育者や支援者がこの社会資源となっている自助会のような場（小さなインクルーシヴ社会）を広げていくことが有効であると私は思います。そのような場で、「ズレている支援者」のところで綴った「支援者」の部分を、養育者自身が「養育者」に置き換えて内省しているうちに、自分が子どもだったときのことを思い出し、養育する側とされる側の両方の気持ちを理解します。そして家庭が子どもと養育者がフラットな関係である安心で安全な場になれば、発達特性のある子どもの発達障害の発現は、格段に少なくなると私は思っています。そういった考えから、いきいきムーンでは、自助会を増やすための自助会フェスタを開催しています（写真８‐１）。

10．失敗する権利

さて私に残された頁も少なくなってきましたので、最後に私の口癖を綴ってこの章を締めくくろうと思います。私はここまで養育者や支援者の指導やアドバイスなどの価値観の押しつけが、発達特性のある子どもには多大なストレスとなり、発達障害を発現させる社会的環境要因になると、幾度も綴ってきました。では養育者や支援者は、指導やアドバイスをせずに何をするのかということになります。私の口癖は、「子どもの好きにさせてあげてください」ですが、これを言うと判で押したように返ってくるのが、「無責任だ。好きにさせると子どもは失敗する」です。このような養育者や支援者は、子育てを失敗してはいけないと強く思っているケースが非常に多いです。失敗することは決して悪いことだけではありません。なぜなら子どもは失敗を経験することで、色んなことを学ぶからです。押しつけられた成功例よりも、失敗を経験することで子どもは自分で考えること、自分で選択することなど多くのことを身につけます。これは教育現場で、答えだけを教えるのではなく、自分で答えを導き出すことができるようにしているのと同じだと、私は思っています。

ですので、養育者や支援者は子どもに指導やアドバイスをするのではなく、養育者や支援者自身が自分で考え、自分で選択し行動することで、自分の人生をいきいきと楽しく生きている姿を子どもに見せ、子どもにとっての身近なロールモデルになってほしいと願っています。そして養育者、支援者が、養育する側、される側、支援する側、される側の上下関係を取り除き、普通、当たり前、一般的などといった価値観の押しつけをせず、自分がなぜそうしたか、そう思っているかを子どもにフラットに話せるようになることで、子どもは自分のいる場所をありのままの自分を受け入れてもらえる安心で安全な場と思えるようになります。そうして子どもが養育者や支援者のことを、自分のしたいことを見守ってくれる存在と感じることで、自分がしたいことや困りごとを相談できる場、つまり自助会と同じような小さなインクルーシヴ社会になると考えます。

家庭や教育や支援の場を小さなインクルーシヴ社会にすることは、発達特性のある子どもに発達障害を発現させないことだけでなく、日本のダイバーシティ&インクルージョンを進めるには、欠かせないことだと、私は思っています。

第Ⅳ部
ニューロマイノリティを論じる

第9章

内側から人を理解するということ

汐見稔幸

「内側から人を理解する」ということが本章のテーマですが、もちろんこれは比喩的な言い方です。対象となる人の心の世界を解釈者の勝手な解釈で理解したつもりになるのではなく、できるだけその人の気持ち、心持ちに寄り添って理解すること、場合によってはその人自身も気づかなかったその人の心の深部をも浮かび上がらせて見える化するように接すること、というような意味です。

このことは、対人関係のすべての場面で大事なことですが、とりわけ保育者や教師、あるいは医師や看護師、社会福祉士や介護福祉士のような、他者に対するcareやcureを仕事としている人には大事なことになります。こうした仕事の質判断の重要な要素となるといってもいいでしょう。

他者の心、気持ち、内面をできるだけその人自身の心の世界に寄り添って理解するには、理解する側の一種の禁欲が要求されます。自分の経験や学びで得た知識を使って、その論理や知識の枠に入るようにすることで他者を理解したつもりになってはいけないということです。

このことは口ではそうだと言えるのですが、実際は難しい。人間誰だって、自分の経験知と学んだ知識を使って世界を理解しているのですから、他者を深く理解するためには、そのことを一旦括弧でくくって（エポケーして）、可能な限り、たとえ小さなものでもいいので、その人の示すものを手がかりにそれをうまく説明する解釈を創作していかねばなりません。でもそれは、そう簡単にできることではないでしょう。

そこで、本章では、できるだけ当人に寄り添った内面理解に近づくためのいくつかの方法と、その際に留意しなければならないことを考えてみたいと思います。それが本章の基本内容になります。あらかじめその内容に触れておきます。

①　まず、私たちが言葉を使って世界を理解するという方法をとっていることがもたらすいくつかの問題を考えてみます。言葉は便利な認識ツールですが、便利なものには逆に限界等が多くあります。それを他者理解の際にどう自覚するかということです。

②　人を内側から理解するための基本方法として、できるだけその人の身になって、その人の内面を推測するという方法を考えます。一般に、その人の身になるということが課される仕事が演劇ですから、ここで求められる知は演劇知と言ってもいいものですが、その実際の努力をいくつか検討します。

③　②とつながりますが、当事者性と当事者研究ということをここで少し詳しく考察してみたいと思います。当事者研究という方法は、最近広がり始めたもので、歴史的には新しいのですが、悩みや課題をもっている人が、周囲の人と一緒になって、自分が関係の中でどう振る舞いがちな人間かを徐々に理解して自分をより深く知るとともに、他者がその人をその人の期待するように理解することを助ける方法です。

④　その次に、エンパシー（共感）という心の営みについて考察します。他者理解にエンパシーは不可欠ですが、その基本はその人のつもりになって理解することです。しかし、実際はその人のつもりになって想像することが困難な場合が多いのです。そこで、本章では、その場合に

答えを性急に求めない姿勢・態度がとても大事ということを、ネガティブ・ケイパビリティという言葉を使いながら考えます。この姿勢・態度を身につけること、つまり人を内側から理解しようとすることが、新たな社会関係づくりの基本になるということを考えます。まずは、言葉のもつ問題と二分法的な理解について考えます。

１．二分法的な理解への反省

人間は、言葉という便利なものをつくりだし、それを洗練して知的な営みを行ってきました。学問は、そうした言葉の体系化を仕事としています。

しかし、言葉は元来、存在するものに何らかの基準で区切りを入れ、ここからは赤、ここからはピンク、というように、存在するものを「分節」することでできたメディアです。本書でも各論者が示唆してきたように、メジャーな存在つまり多数派が「正常」で、少数派が「異常」あるいは「病気」「障害」という、ある意味乱暴な区分で、世に存在する人たちを分節、つまり分けてグルーピングしてきました。その最もわかりやすい分節法は二分法です。人は場合によっては善意で、いろいろな二分法を人間にあてはめてきました。のっぽとちび、できるやつとできないやつ、美人とブス、等々。しかし、こうした二分法には、背後に差別的な（あるいは多数派が上というどこか上から目線的な）価値観が隠れている可能性があることがつとに指摘されてきました。障害のある人についてのレッテル貼りでは、最近では、それを医学モデルか社会モデルか、を明確にすることで二分法の弊害を克服しようとする動きが出てきていることはよく知られています。[*1]

二分法はたしかに便利なのですが、右と左、上と下ということでさえ、絶対的な分節、分類にはなり得ず、存在世界の実際の機微を見えなくしてしまっています。ましてや多様性ということに深い価値があるということがわかってきた今日、二分法は時に乱暴な分節、分類とのそしりを受けることにもなりかねません。男と女という性分類の世界でも、最近は、実際の人間あるいは生物は、生理学的面でも、理念としての男（オス）と理念としての女（メス）との中間にグラデーションのような形であるといわれるようになってきているのですから。

このことは、私たちが、世界や人間を認識するのに言葉という便利なメディアを使っていることから来る限界でもある、といえます。

言葉は細かな差異を無視して、テーマ（対象）となっている世界（もの、こと、人等）に線引きをすることで世界を分節し、そのそれぞれを意味（全体のなかでの位置、価値）として理解するためのツールです。しかし、その細かな差異を無視するからこそ簡便に分節できるという使いやすいツールである、という本質が、実際の具体的な世界の認識においては限界、時にはマイナスの原因になるのです。特に二分法は言葉によって対象世界を大まかに二つに分けて分類し価値づける手法ですが、それが大まかになればなるほど、実際の具体的な世界は見えにくく（認識しにくく）なります。

実際、人間は多数派に属していると安心と思うからでしょうか、これまで多数派が少数派への

「善」のために行っている行為を「福祉」と言ってきたのですが、そうした定義ではその実践のなかにどこか慈善的な、あるいは施し的な匂いが残り、肝心の福祉の対象となる人の意見や主張が見えない、ということが問題視されてきました。そしてその限界を克服するために「当事者性」「当事者主権」ということが課題視されてきていることはご存じでしょう。しかし古い福祉概念の残滓はまだあちこちに残っていて、日常の用語にもその限界が映し出されています。たとえば「子育て支援」という言い方がありますが、私など、はじめからこの言葉に違和感をもっていました。この言葉は「支援する」ほうは使いますが、「支援される」ほうは滅多に使わないからです。人々は「きょう、子育て支援されてくるの」とはまず言いません。このような対象となっている当事者の側の意見や感情が十分反映されていない、する側が一方的に（善意で）つくった言葉が、私たちが使う基本用語に多く含まれています。言葉による理解、とくに二分法的な理解の仕方については、これからていねいに吟味していくことが必要となってくると思います。

もう少し敷衍しますと、言葉には次のような限界もあります。

＊1　「医学モデル」とは、病気や障害を医学的に分類し、それを医学的な治療等で克服していこうとする立場のことを指す。時にそのための訓練が当事者に課されることになる。それに対して「社会モデル」とは、病気や障害のある人を社会が共感的に受け容れ、可能な限りその人たちが共生的に生きられる社会を創造することで病状や差別感を克服していこうと考える立場を指す。後者では病気や障害の程度は、社会の受容・共生力の程度によると考える。高齢者介護等の社会福祉分野では、施設を医学モデルで運営するか、社会モデルで運営するかは大きな論点、課題になっている。

実際に私たちが経験する具体的で感性的な世界は、正確に捉えることが困難な、多層的・具体的・流動的なものです。いっときとて同じ様相を示しません。したがって、それを言葉で正確に捉えることは困難というより不可能です。言葉で現実世界に区切りを入れた途端、そうした多層的・具体的・流動的な世界は、区切りが示す単相的・抽象的・静止的な意味（指示対象）として固定されてしまうからです。私たちが言葉によって頭に描く世界は、現実そのものの世界ではなく、言葉が現実の種々の世界に区切りを入れた、他との違いを意味する特殊な世界です。もし、実際の多層的・具体的・流動的な世界を言葉で精確に捉えようとすれば、意味内容＝語義の理解をできるだけイメージに変換するか、対象を「喩」に翻案して表現するしかありません。何々のような、ということが的確に言えれば、言葉はそれがもっている区切り的認識の限界をある程度超えられるからです。

安易に医学的な分類の言葉に頼ることの問題を自覚して、その限界を超えようとする努力をしている医師も出てきています。たとえば精神科の医師のなかに、そうした言葉による二分法的な捉え方あるいは患者理解が、どこかクライエントと医師の間に目に見えないバリアをつくってしまっているると感じて、そこからの脱皮を試みている人が出てきていることは、私には救いに思えます。[*2]

それはともかく、こうした言葉による二分法的・抽象的把握に反省が起こっている典型的な世界・対象が、本書がテーマとしてきたいわゆる「発達障害」と呼ばれてきた人たちです。

私が、障害者と言われている人たちのことを、別のまなざしで見なければいけないと感じ始めたきっかけはいくつかあります。私の母親は私が小学生になる頃から本格的な身体障害者になり、人生の最後の二〇年は股関節もないという生活を送ったのですが、その母を子どもとして支えなければという生活を送るなかで、障害を抱えるが故の強さのようなものをずっと母から感じさせられてきたということが、おそらく障害者への接し方について考えた端緒です。

その後、ずっと後になるのですが、一九九五年にろう者のＤプロというグループの木村晴美氏と市田泰弘氏から「ろう文化宣言――言語的少数者としてのろう者」[*3]という文書が発せられたときに、その宣言文の趣旨によって私のその思いはより強くなりました。日本のろう教育はある理由で、戦前から、手話を教えるのではなく、唇の動きを読み取る読唇術（口話法）を教えることが主流でした。しかしこれは実際にはとても難しく、そのため日本のろう教育には戦後も大きな課題が残っていました。このＤプロというグループはアメリカで生まれたデフ・コミュニティの動きに刺激され、手話を使う人を「言語的少数者」と明確に規定し、ろう者は日本語に匹敵する複雑な文法、言い回し、ニュアンスなどを表現できるマイナーな言語共有者であり、独自の文化を共有する人間の集ま

＊2　たとえば、田中康雄『支援から共生への道――発達障害の臨床から日常の連携へ』慶應義塾大学出版会、二〇〇九年、同氏『支援から共生への道 II――希望を共有する精神医療を求めて』慶應義塾大学出版会、二〇一六年。

＊3　木村晴美・市田泰弘「ろう文化宣言――言語的少数者としてのろう者」『現代思想』第二三巻第三号、一九九五年、三五四―三六二頁。これを書籍化したのが、現代思想編集部（編）『ろう文化』青土社、二〇〇〇年。この本のなかに、ろう文化宣言に対するさまざまな人のコメント論文が掲載されている。

りのことだと宣言したのです。

そこには、耳の聞こえる人たちは、ろう者の使う手話は口頭言語ほどきめ細やかには表現できないと思っているかもしれないが、実際はそうではなく、口話を使っている人とは異なるが実は豊かな文化の世界に生きているのだ、ということも説得的に述べられていました。

私は手話を使えないので、この宣言にコメントする力はないのですが、でも、そうした見方、考え方があるということに新鮮なショックを受けたことをよく覚えています。障害があることを不便と一律に考えるのではなく、彼らのコミュニティが成立したときにはそこに独自の文化が生まれるのかもしれないとそのとき思ったものです。

また、たとえば正高信男氏が『ニューロダイバーシティと発達障害』[*4]という本を書いて、発達障害者を脳回路の多様性の表現型とみる見方を提案したのを読んだときにも、なるほど、と似た感想をもちました。ただ、実際には、横道誠氏が『みんな水の中』[*5]等で示しているように、そうした人たちのお互いが通じ合っているコミュニティのようなものができないと、いくらニューロダイバーシティと言っても現実は大きくは変わらないとも思います。相互の当事者研究等を通じてニューロマイノリティの当事者が己を一般言語で表現する努力を続けることと、その隣にいつもいるわれわれがニューロダイバーシティの視点で彼らを理解する努力を続けること、その接点を大きくしていくことが、ニューロダイバーシティという見方の成否を決めると思います。その相互のインターフェイスをなめらかにするきっかけは、おそらく、健常と言われているマジョリティの方が、当事者研究等を通じて、己を知るという努力をすることではないかと思っています。これは、日本の教育で最も欠けていることの一つでもあります。

さて、他者を、その他者の外側からではなく、その人の内側から理解することができないか、というのが本章のテーマです。ニューロダイバーシティ社会での他者理解の新たな方法の模索です。

もちろん、はじめに述べたように他者をその人でない人間が理解するといっても、すべての理解は、理解しようとする人の一定の解釈にすぎません。内側に入って理解するということは、将来、脳回路の外部配線化が進んで、人の脳回路を他者が同じように体験することが可能になればできるかもしれませんが、現代社会ではそれは不可能です。また、脳の外部配線化ができるようになったとしても、このことのもたらす倫理問題は相当深刻になると思いますし、私たちが自分のことを自分が一番知っているとは言えない複雑な心の持ち主であることも、他者が他者に替わってその人の心を精確に理解するなどという営みが元来不遜である証になっていると思います。

したがって、ここでいう内部から理解するというのは、比喩的な意味であって、文字通りの意味ではないことはお断りするまでもありません。できるだけ、内部に入ってするような理解に近づく

＊４　正高信男『ニューロダイバーシティと発達障害――「天才はなぜ生まれるか」再考』北大路書房、二〇一九年。
＊５　横道誠『みんな水の中――「発達障害」自助グループの文学研究者はどんな世界に棲んでいるか』医学書院、二〇二一年。

には、つまりたとえば幼児の心のなかで生じていることをできるだけ正確に把握するには、という含意です。

2. その人の身になってみる努力をする

さて、そのための有効な方法の一つは、単純なことですが、できるだけその人の身になってみる努力をすることでしょう。

その人の身になってみるには、対象となっている人がどのように育ってきたか、今どういう状況にいるか、ということをできるだけ深く考えることになります。しかしこれは口で言うほど簡単ではありません。わからないかもしれないが、きっとこうではないかということをまずは試してみよう、試して違ったら謝り、また対応を変えよう等の、土俵際の真剣さが求められます。

一つの例を挙げます。松本崇史氏が『母のひろば』六八〇号[*6]に寄稿した文章を要約しながら考えたいと思います。

コロナで緊急事態宣言が出されたあとしばらく休んでいたAさん（園児）が再び登園したとき「過敏な反応を示すように」なったそうです。

「友だちとのふれあい、ものをさわること、人とすれ違うことなどに不安をおぼえ、顔もこわばり、手がふるえる様子がありました。手を何度も洗い、一分に一回は消毒をしていました。」

おそらく感覚過敏のタイプの子で、見えないコロナという敵に過剰に不安をおぼえたのでしょう。こういうときの保育者の対応は難しい。

松本氏は、この原因はおそらく……と頭で想像して、「大丈夫だよ」という言葉を伝えるか、悩んだそうです。が、このときは安易にそうしないで、この子の今を懸命に想像する道を選んだといいます。すなわち「コロナに対する不安感、生活リズムの変化、今までの人間関係の変化とさまざまな要因がAさんの心のなかに渦巻いた結果」ではないか、と必死で想像したのです。

そこで松本氏はその不安な心の渦にていねいに応答するため「まず僕自身がゴム手袋をつけて手をさしのべ」「話を聞くことに」したそうです。そしてAさんにもゆっくり話してもらいました。すると、話し終わったAさんは「泣きながら抱きついて」きたといいます。

松本氏はその感触を忘れられないといいます。その後も松本氏はAさんに「いたいところにいてもらおう、手を洗いたいだけ洗ってもらおう」と対応し、何度もAさん自身と話し合いました。やがてAさん自身の意志で、クラスに少しずつ戻っていったといいます。

松本氏の、冷静で、しかし心のこもったていねいな対応が、Aさんの心を少しずつ溶かしていく

＊6　松本崇史「コロナ禍の保育の中でも変わらないこと——愛情に満たされて過ごせるように」『母のひろば』六八〇号、二〇二一年、五—六頁。

さまがよくわかります。このときAさんの心のなかには、「私の気持ちをわかってくれようとしている！」というほっとするような、不安のなかでの喜びに似た感情が瞬間的に湧いたのだと思われます。たぶん他の多くの人からは、そんなに心配しなくてもいいのよ、的なこと（教育くさい言説）ばかり言われてきたのでしょうが、「この先生は違う！」そう感じて泣きながら先生の胸に飛び込んだのでしょう。

ここには、相手の内側に入り込んでその人を理解することが、どのような関係を生み出すか、よく示されています。

そう考えると、子どもを理解するには、「子どもというのは……」という子どもの心理についての一般論、育ちについての発達論と言われる理論の中身を理解しておぼえておく必要はない、というように受け取られがちですが、それは違います。子どもを理解するには、私たちのほうにその子を理解するための良質の眼鏡が必要です。仮説を提供する眼鏡です。そうでないと子どもの言動の意味はよく見えません。しかし、今回の例のような局面では、その一般論による仮説を一旦括弧でくくり、その子の現実と同じ地平に立つ努力をして、その子の体験していることをていねいに追体験するような姿勢が求められるのです。松本氏がこの場面で頭のなかで「この子はおそらく……」と考え、それをもとにこの子に説明するという道を選ばなかったことがそれにあたります。

この括弧でくくる努力は、哲学では現象学的還元と言われているものですが、括弧でくっても、その後に子どもの行動や気持ちを追体験したり価値づけないで説明したりすることを支える理論的努力はやはり必要です。この場合、松本氏がＡさんと同じ行為をすることで、Ａさんには松本氏を共感的に見る態度が出てくるだろうという予測を支えている人間の見方です。

その意味で理解者は一般論的な眼鏡だけでなく、その人が経験を重ねて得た個性的な子どもあるいは人間理解の眼鏡との二つの眼鏡が必要ということになります。

こうした眼鏡をかけられるようになるには、人の情報処理の仕方や心の働き方などについての知見を多く学んでおくことが必要になります。そうでないと、他者である私の考え方、感じ方等をそのまま対象となっている存在に当てはめてその人の心を解釈するということになりがちです。人の感じ方、発想の仕方、細かな価値世界等は厳密にはみな異なるがゆえに、人間は豊かなのです。たとえばＡＤＨＤの人ならこう感じるのではないか、ＡＳＤの人ならこうしたことが嫌なのではないか、などと想像しながら関わるためには、ＡＤＨＤやＡＳＤについてのある程度の知見を学んでおくことは不可欠です。もちろんその理論を丸呑みするような理解ではなく、自分なりに納得するような理解が必要ですが。[*7]

特に小さな子どもを理解する場合、感覚器官の働き方、感覚器官から送られてくる情報を主に脳で処理する情報処理の仕方、その一部である記憶のメカニズム、等々は、大人とかなり異なっていることがわかってきていますので、幼い子についての知見については、幼児教育・保育に携わる人は貪欲に学ぶべきだと思います。

私は、赤ちゃんが母親の胎内から出てくるときの初期体験というのはどういうものかということに若い頃からとても興味がありました。光が差し込んでこない暗い水のなかに浮かんでいる人間が、ある日突如狭い通路を苦労して出ようとし、出てきたとたん、光と絶え間ない音のある世界、重さとそこから来る抵抗のある世界、温度や湿度の変化する世界、風のある世界に投げ込まれ、ある種の安寧の世界に浮かんでいることが突如できなくなってしまう。しかも自律呼吸をしなければならず、絶えずいろいろな音が聞こえ、いろいろなものが動いているらしいということを感じさせられてしまう。この体験が人の出生外傷になるという説[*8]が納得できるように思うのです。私自身はこの異体験を情報処理するために急速に脳が活動をし始めるのではないか、意識の出発は出生体験ではないかと考え、同時に、人間の存在についての危機意識の根本は、この絶対的安寧感からの、一方的な、突然の、放出ということがやはり関係しているのではないか、生きるときの根本のニヒリズムがここから発しているのではないか、等々と考えてきました。

それはともかく、その後、赤ちゃんの目は、生まれてすぐ活動し始め、焦点合わせとか、モノの移動に目のほうを合わせて移動させるなどは長い経験が必要なこと、それに比して嗅覚は生まれつき大人よりもかなり鋭いこと、聴覚もそうだということなどを知りました。五感のなかで最も後から発達してくるのはどうやら視覚らしいこと、にもかかわらず、現代社会は視覚優位の文化・文明をつくり、視覚が最も多く情報処理をしているらしいことも知りました。しかしそうだとすると、この事実が人間の遺伝子の有する情報処理の仕方と大きな矛盾を来している原因になっているのではないか、そこから脱して、触覚や聴覚をより重視する文化・文明を目指すべきではないかとも考えてきました。

これにも関係しますが、アメリカ生まれの小児科学者スターン（Stern, D. N.）は、ピアジェ（Piaget, J.）の認知発達理論が想定していた段階的な認知能力の発達という考え方を覆すような「情動調律（affect attunement）」という考えを提案したのですが、彼の考え方は刺激的でした。情動調律というのは複数の人間がお互いの行動の後ろにあるそれぞれの気分や感情を無意識に読み取り合っているという理論で、特に母親と乳児は時間の経過と共に変化する「生気情動（vitality affect）」を交換しているのだと説明をしました。要するに東洋的に言えば子どもと母親は「気」というエネルギーをある形でやり取りしているということを西洋の研究者が言い出したわけです。現代的に言うと、子どもは先天的に「空気を読める力をもって母親等と独自にコミュニケートしている」ということです。そこからスターンは、乳幼児の触覚や視覚、聴覚は機能分化して働き、その

＊７　発達障害といわれている人の発想の仕方、感じ方、総じて彼らの世界の見え方について、当事者の書いた本が多数出版されている。たとえば東田直樹氏が『自閉症の僕が跳びはねる理由』（エスコアール、二〇〇七年）以来多くの体験記を出版していることはよく知られているが、認知神経科学者のなかにもそうした視点で、見え方を脳科学的にていねいに説明しようとする本もいくつか出てきている。ここでは、井手正和『科学から理解する　自閉スペクトラム症の感覚世界』金子書房、二〇二二年、同氏『発達障害の人には世界がどう見えるのか』ＳＢクリエイティブ、二〇二二年を紹介しておく。

＊８　オットー・ランク、細澤仁・安立奈歩・大塚紳一郎（訳）『出生外傷』みすず書房、二〇一三年。

情報を頭で統合していくというのではなく、先天的に触覚図式と視覚図式を統合する能力が備わっていると言い、これを「無様式知覚（amodal perception）」と呼んでいます。[*9] ある知人の脳科学者が、生後数か月の赤ちゃんの頭に光トポグラフィをつけて実験したところ、光刺激を視覚野だけでなく聴覚野でも、あるいは音刺激を聴覚野だけでなく視覚野でも処理していることが見事に可視化されて見ることができたといいます。私も見せてもらって驚きました。幼い子どもはすべからく共感覚の持ち主で、誰もが「あの音、黄色いね」とか「さっきの光、とっても騒がしい音がしたね」などのように感じているのです。

以上のようなことが正しいのだとすると、同じような状況にいても、そこからくる諸刺激を脳などで処理して、今自分の周りから〇〇という刺激・情報が来ている、つまり今こうした状況に自分はいる、という理解の仕方、大げさに言えば世界像、そしてだからこう反応しようという世界への志向性等が、幼い子と大人ではかなり違っていることが予想されることになります。

ピアジェが見つけた子どもの空間認識におけるトポロジー性も大事でしょう。[*10] 空間の関係構造の異同を幼い子どもは大人と異なった感覚で受け止めている可能性があって、とてもおもしろいのです。

哲学者の内山節氏に『日本人はなぜキツネにだまされなくなったのか』[*11] という興味深い著書があります。この本のなかで内山氏は、日本の庶民は、少し前まで、自然そのものを命と感じていて、それも二重に、つまり自然全体が分けられない命であり、同時に個々の自然物はそれぞれの命がつながりあって存在していると感じていた、それは現代の科学によって、分節された知識を眼鏡として見、感じる自然とは大きく異なっていた、ということを説得的に論じています。ひょっとしたら幼児の世界認識は、この伝統的な日本人の世界認識の仕方に近いのかなと思わされます。

これらは一例にすぎませんが、こうした子どもの情報処理の仕方の特徴を踏まえたうえで、その子どもになったつもりで、今自分の心に起こっていることを想像する、ということが子どもを内側から理解することにつながるはずです。そのために子どもの世界との対峙の仕方についての知見を、その内容の是非はともかくとして、貪欲に学ぶことが子どもにかかわる人間には必須と思います。こうした努力が深く行われてこそ、先に述べた現象学的還元という手法が生きてきます。現象学的還元とは、この文脈でいうと、括弧でくくる前の理解を一旦エポケーして、そのうえで、その人、その子の言動をていねいに説明することですが、その局面では、やはり人間の情報処理の特色につ

＊9　ダニエル・スターン、小此木啓吾・丸田俊彦（監訳）、神庭靖子・神庭重信（訳）『乳児の対人世界 理論編』岩崎学術出版社、一九八九年、あるいはダニエル・スターン、岡村佳子（訳）『母子関係の出発――誕生からの一八〇日』サイエンス社、一九七九年など。

＊10　**トポロジー**：数学で「位相幾何学」を指す英語。たとえば円形に適当に縦・横二本の線で区切りを入れると四つの部分に分かれるが、これを連続的に変形すると田の字の形になる。このときにこの二つの図形は位相的に等しいという。同じように位相的に等しい図形は無数にできる。幼い子は、一見違った形でも位相的に同じであれば「おんなじ」を見抜くことをピアジェは発見した。

＊11　内山節『日本人はなぜキツネにだまされなくなったのか』講談社、二〇〇七年。

いて深くわかっていることが大事になります。

こうした努力の一環ですが、「そのものになってみる」ということが、対象をより内側から理解する有効な方法になるかもしれないと思います。

たとえば私は、一時期東京の街路樹がかわいそうでなりませんでした。しばらく前までの日本の舗装道路のつくり方は細かなピッチを固めるもので、アスファルトの下には水分がいかないものでした。街路樹は日常的に車の排気ガスを吹き付けられ、根っこには水がなかなかこない状態で、おそらく歩道の木の根っこ回りに少しだけつくられた土の部分からしみこんでくる水を必死に吸って、青息吐息で生きているのではないか、と思ったのです。

そう思ったときに私は街路樹になっていました。街路樹になってみて、その辛さを想像したのです。自分が街路樹になって、排気ガスいっぱいの道路の横でじっと立ち、根っこを横に広げられず下に下に伸ばすしかない様子をイメージし、それが私だ、という世界に生きていたのです。

このように、人間の認識の練習に、「そのものになってみる」ということがもっとあっていいのではないかと思います。道ばたの石になってみて数百万年の歴史の流れを見つめてみよう、目を隠して、目が見えない人になってみて道路を歩いてみよう等々。教育の方法として「なってみる」ということが認識を三人称から一人称化するのに役立つはずです。実際、妊婦がどれほど大変か、おなかに一〇キロぐらいのものを巻き付けて歩いてみるというような疑似体験を父親にさせるようなことが、両親学級などで採用されて効果をあげています。これをもっと汎用化することが課題だと思います。

シュタイナーの学校では、子どもの気質タイプを西洋での伝統的な分け方に従って「胆汁質、多血質、粘液質、憂鬱質」[*12]の四つに分け、教室の座席を四つの気質によって区分けして決め、作文などもも「きょうは多血質の人になったつもりで作文しよう」などと要求して、自分と異なるタイプの人間に対する理解力を高めようとするといいます。これなどは、自分を基準に他者を理解する性癖の克服に役立つかもしれません。

3．当事者性という視点

関連して大事なのは、当事者性ということです。

現在、当事者主権という考えが広がってきていて、これまでマイノリティと言われてきた人たちの権利観についてドラスティックな転換が始まっています。当事者主権とは障害者、高齢者、女性、

＊12　シュタイナーは古代のギリシャ時代から言われてきた人間の四つの気質の考え方を採用したある種のタイプ論を大切にしていた。簡単に言うと、火のように激しい反応をする「胆汁質」、風のように気分が変わる「多血質」、水のようにゆったりとした「粘液質」、そして土のように暗い「憂鬱質」である。
ルドルフ・シュタイナー、西川隆範（編訳）『人間の四つの気質——日常生活のなかの精神科学（新装版）』風濤社、二〇一八年。

性的マイノリティなど、一般に「社会的弱者（少数派）」と言われている人たちが当事者として声を上げ、差別されないために制度の不備や社会の人間観、価値観を改変していく権利のことです。中西正司氏と上野千鶴子氏は共著で、その権利のキーワードを「ニーズ」とし、「ニーズをもったとき、人はだれでも当事者になる。ニーズを満たすのがサービスなら、当事者とはサービスのエンドユーザーのことである」と言っています。また、「ニーズはあるのではなく、つくられる。ニーズをつくるというのは、もう一つの社会を構想することである」とも。*13

このテーマについては、ここでは詳論しませんが、ある人、ある子どもを他者がその人、その子の内側から論じることができる可能性について考えるうえで、当の当事者がどう感じ、何を要望しているのか（そのニーズは何か）を可能な限り当事者の言葉や態度として示すことやそれを励ますことが、有効な方法となり得るはずです。

看護教育の教科書のようになっている、ヴァージニア・ヘンダーソンの『看護の基本となるもの』という本には、看護師が患者にできるだけ寄り添うには「ある意味において看護師は、自分の患者が何を欲しているかのみならず、生命を保持し、健康を取り戻すために何を必要としているかを知るために、彼の皮膚の内側に入り込まねばならない」という記述があります。*14 皮膚の内側とはシンボリックな言い方ですが、患者のことをできるだけ深く、その内側から見て、感じるために、当人に可能な限り近づいて、その人の皮膚のなかに入り込まねばというのです。学ばねばならない決意だと思います。

おそらく皮膚の内側という言い方には、患者は自分のことを自分でもよくわかっていないことがよくある、それを専門家の目と当人の目の両方で見なければ、患者のことは本当にはわからないという思いも含めている気がします。内側から人を理解するというテーマには、常にこの問題がついて回ります。それは人間は、自分のことを自分が一番わかっているわけではないという事情があるからです。そのためにこそ、先ほど述べた子どもの育ちの一般論にはていねいに目を配って理解しておく必要があるわけです。ただ一般論は一般論ですから、そのあらわれ方は厳密に見ればみな異なります。その機敏を理解できるかどうかが、我々には問われているのです。

実際には、このヘンダーソンの時代には開発されていなかった当事者研究という方法が、今開発されていて、この方法を知っておくことが、これからの福祉、教育の実践には大事になると思います。

当事者研究というのは、精神障害、特に統合失調症の患者が病院に隔離され薬漬けにされている現状を克服したいと、ソーシャルワーカーの向谷地生良氏が、北海道浦河市にある浦河赤十字病院の精神科の医師と共同して開発した方法で、統合失調症を患っている当人が、同じような症状を抱えている人たちの前で自分の症状や辛さ、調子の良いときはどういうときか等を語り、どうすれば

＊13　中西正司・上野千鶴子『当事者主権』岩波書店、二〇〇三年、二頁及び三頁。
＊14　ヴァージニア・ヘンダーソン、湯槇ます・小玉香津子（訳）『看護の基本となるもの』日本看護協会出版会、二〇一六年、一五頁。

幻聴等から解放されるかを仲間の知恵を借りながら自分で見出していく手法のことです。決まった手順があるわけではないのですが、精神疾患の新たな「治療」方式として注目されています。

この当事者研究に注目して、これをたとえば発達障害等で理解されないがゆえに苦しんでいる人たちの自己理解と相互理解に適用できるのではと、このやり方を広めようとしているのが、小児科医の熊谷晋一郎氏らです。熊谷氏は綾屋紗月氏とともに自閉症等の発達障害を抱える人たちの当事者研究の実践とその理論化に努めてきました。[*15] その影響を受けて、この方式に学びながら苦しさを抱えた子どもたちに当事者研究を幼児や小学生に適用しようとしている人も出てきています。

子どもを内側から理解するというテーマにつながっていると思いますので、この、苦しんでいる子どもの当事者研究について少し紹介しておきます。[*16]

おこるちゃんの研究　前田陽向

わたしの心の街には、／おこるちゃんがいる。

おこるちゃんは、／わたしが怒られているときに、／バッビームを／たくさん出してくる。

おこるちゃんが、／バッビームを／いっぱい出すと、／心の街は／バッでいっぱいになる。

でも／おこるちゃん自身は、／小さくなる。

バッがいっぱいになると、／眠れなくなる。／誰かに渡さないと眠れないから、／弟のケンケンにバツを渡していた（八つ当たりをしていた）。

そこで、ママといっしょに、／バツを減らす方法を考えた。

それが「魔法のちりとり」。

「魔法のちりとり」は、／バツを吸い込んでくれる。／心の街のイオンで買える。

買うためには、お金が必要。／心の街のお金は、／ママやパパのハグや笑顔。

ママやパパからハグが増えると、／心の街のお金がたまった。

「魔法のちりとり」を／たくさん買えるようになった。／もう一〇〇〇個ぐらいたまって、／バツも少なくなった。

気持ちがすごくいいし、／パパやママとの付き合いも、／すごく楽になった。

おこるちゃんは、／今心の街から出て、田舎にいる。／好きな洋服を着ているし、／お気に入りのソファもある。／落ち着いていて、にっこりしている。

でもわたしに何かあれば、／すぐに走ってきてくれる。

＊15　たとえば、綾屋紗月・熊谷晋一郎『発達障害当事者研究――ゆっくりていねいにつながりたい』医学書院、二〇〇八年や、熊谷晋一郎（責任編集）『当事者研究をはじめよう（臨床心理学増刊第一一号）』金剛出版、二〇一九年など参照。
＊16　子ども・子育て当事者研究ネットワークゆるふわ『子ども当事者研究　わたしの心の街にはおこるちゃんがいる』コトノネ生活、二〇二二年、一八一－二四頁。

これは、子どもの当事者研究を組織している「子ども・子育て当事者研究ネットワークゆるふわ」というグループが行ってきた実践例を本にまとめたものからの引用です。

この陽向ちゃんという八歳の女の子は、母親たちと、喫茶店等で、自分の気持ちを自由に語り、時にイラストにして、徐々にこうしたストーリーをつくることで、自分の短気さを克服しようとしています。心のなかの自分の感情の発露と展開を、このような形でわかりやすい物語にし、その過程で実は父母が怒っているとき、この子の心のなかでもう一人の自分もどきをつくることで、その子にその怒りを受け止めてもらい傷つくことを避けているわけです。意識的に乖離状態をつくっているともいえるでしょうか。ここで大事な役割を果たしているのは、この子の母親です。この子が自分を意識的に少し乖離状態にし、そこで生まれるもう一人の自分が自分をコントロールすることができる、その子の物語がつくられる精神空間を創造することができる、安心感のある状況を母親がつくりだしているということです。

これは、理屈ではわかりますが、保育者や親がそうした役割をこなすことは実はそう容易ではありません。その子への期待の思いが先に出てつい感情的になるからです。でもその場面場面で、自分の役割を子どもの当事者研究のサポーターだと自覚することで、その仕事を可能にしているのだと考えられます。子どもを内側から理解するというときの大事な手法だといえるでしょう。

小学校の特別支援学級の教員をしながら、熊谷氏らの当事者研究に出会い、その手法を特別な支援が必要な子どもたちに応用して当事者研究のための支援活動を続けている人に森村美和子氏がいます。彼女は特別支援を必要としている多く子どもたちの当事者研究を実際に進め、これまでの実践例をまとめています。その著書『特別な支援が必要な子たちの「自分研究」のススメ』[*17]のなかで、不安タイプ、しゃべりすぎてしまうタイプ、しつこいタイプ、めんどくさいタイプ、イライラタイプ、文字が読みづらいタイプ、ノートに書きづらいタイプ、に分けて、それぞれの事例を紹介しながら、共通して子ども自身の当事者研究の大事さを訴えています。同書では子どもの当事者研究を「自分研究」と表現していますが、それらを通じた当事者研究の手法のポイントを同書では以下のようにまとめています。

「フェイズ１：導入・スタートアップ期」では、①「子どもの『好き』のツボを探そう」、②「子どもが言語化しやすい方法を探そう」、③「共同研究者になってみよう」という段階を経ることの大事さを訴えています。

「フェイズ２：分析・実験期」では、①「外在化して困っていることを分析してみよう（キャラ

＊17　熊谷晋一郎（監修）、森村美和子『特別な支援が必要な子たちの「自分研究」のススメ——子どもの「当事者研究」の実践』金子書房、二〇二二年。
なお、当事者研究とは銘うってはいないが、そうした子どもたちへの支援を当事者の立場にもっと近づくことで実現しようとする試みが現在多様に追求されている。たとえばＡＤＨＤの子が中心だが、高山恵子氏の一連の著書『特性とともに幸せに生きる』岩崎学術出版社、二〇一八年、同氏『自己理解力をアップ！　自分のよさを引き出す33のワーク』合同出版、二〇二〇年や、岩瀬利郎『発達障害の人が見ている世界』アスコム、二〇二二年など、多くの本が出版されるようになってきている。

クター化して語ってみよう）」、②「記録をとったり、整理して分析したりしてみよう」、③「うまくいかなかったことだけでなく、うまくいった点を振り返ろう」、④「仲間や先生、支援者、保護者等、他の人にも意見を聞いてみよう」、⑤「商品開発・モノづくりを通じて自分研究」、⑥「支援グッズの使い方をモニターする」というように、ていねいに段階を置くことの大事さを訴えています。

このあとフェイズ3では「アウトプット（表現）期」での作業を整理していますが、ここでは省略します。

子どもの当事者研究は、特別支援を必要とする子どもたちだけのテーマではないでしょう。日本の教育は、仮に教育のテーマを、「A　子どもたちが生まれ生きているこの世界のことを知ること」と、「B　子どもたちが生まれ生きている社会の人間関係を知るつまりどういう関係を生きているのかを知ること」、そして「C　その世界を生きている自分自身のことを知ること」という三つのこと、つまり世界、他者、自分を知ることに区別すると、近代教育はこのうち特に「C」が十分ではありませんでした。伝統的な宗教教育などは逆に自分を知ることが課題になっていると思うのですが、世俗化された近代教育はこの大事なことが弱くなっています。生活綴方[*18]など一部を除いて不十分なこの自分を知るということを、この当事者研究は直接課題としているということができます。今後、より洗練されて教育の世界に入っていくことが予想されます。

なお、アメリカ等では授業前に瞑想体験すなわちマインドフルネス[*19]の実践をしたり、簡単なヨガ体験（キッズヨガ）をすることで、いじめの件数等が減少しているという報告もあり、自分と向き合うということは、今後大事な教育課題になっていくことと思われます。

4. 共感（empathy）とネガティブ・ケイパビリティ（negative capability）

さて、他者が誰かを、可能な限りその人に寄り添って理解する大事な手法であり人間の性向とされているのが共感（empathy）だと思います。

「共感」と訳される英語には“sympathy”と“empathy”がありますが、この二つの語は意味は重なりつつも実際の指示対象はかなり異なります。このうちempathyはイギリスの下層社会で保育士として働いてのち作家になったブレイディみかこ氏が『ぼくはイエローでホワイトで、ちょっとブルー』[*20]という本で具体例を出して説明しています。彼女の息子の学校での授業で、このempathy

*18　**生活綴方**：戦前、教育内容の基本が国家から指示されて、その一部には事実でないことも含まれていた。そこで全国のあちこちで教師たちが、子どもが自分の内面で考えていること、喜んでいることなどを自分なりの言葉でありのまま作文する（綴る）ことができれば、そこでの教育には真実が宿るはず、ということで抵抗の教育として始めたもの。戦後は無着成恭氏の『山びこ学校――山形県山元村中学校生徒の生活記録』青銅社、一九五一年で一挙に有名になったことはよく知られている。

*19　マインドフルネスについては、以下の本を参照。ジョン・カバットジン、春木豊（訳）『マインドフルネスストレス低減法』北大路書房、二〇〇七年、スーザン・ボーゲルズ、戸部浩美（訳）『忙しいお母さんとお父さんのためのマインドフルペアレンティング――子どもと自分を癒し、絆を強める子育てガイド』北大路書房、二〇二〇年。

*20　ブレイディみかこ『ぼくはイエローでホワイトで、ちょっとブルー』新潮社、二〇一九年。

は、ハイヒールを履いている女性の気持ちはハイヒールを履いてみないとわからない、実際に同じ体験をして、そこからたぶんこうなんだろうと想像すること、もう少し一般化すると、可能な限り相手の身になって、その相手の気持ちを理解しようとすることだと教えられたと言います。これがempathyです。[*21] その理解には一定の理屈が必要なのですが、できるだけその人の身になって、その人の気持ち、感情、意志等を想像すること、想像しながらその人のその気持ちや感情をなるほどと受容する、こうした姿勢が他者との関係を深くつくり、その人を深く理解する際に必要といわれているのです。

仮にそれを「共感」と訳しますと、この感情は、相手が好きとか好みだから、という関係のときに起こる感情とは限らない、もっと一般的な関わりへの性向であることに気がつきます。相手が好みの人物ではない場合にも必要な、好き嫌いにかかわらない関わりの性向なのです。

この性向を説明するのに大事と思われる人間の姿勢に「ネガティブ・ケイパビリティ」というものがあります。ケイパビリティとは可能性ということですから、元来ポジティブな意味なのですが、それにネガティブという形容詞をつけた興味深い言葉です。

この言葉だけを取り上げて、その意味を探求した本があります。帚木蓬生氏の『ネガティブ・ケイパビリティ』[*22] です。

ネガティブ・ケイパビリティという概念を提案したのはイギリスの詩人キーツ（Keats, J.）だそうですが、そのたった一回だけ使った言葉に新しい意味を見つけてこれを独自にキーワードとしたのは、同じくイギリスで対象関係学派と少し距離をとって独自の精神医学を打ち立てたビオン(Bion, W. R.)です。

ビオンの生涯を探求した帚木氏によれば、ビオンは、精神分析の医師は「ものの見方」をもってはいけない、そうではなく「頂点」に立って患者を診るべきと言ったといいます。山の頂に立って全体を俯瞰しながら、自由に柔軟に言葉を交わす、それが精神分析で、そこでの患者の言葉の一つひとつを決して見逃さない慎重さ、姿勢が必要だといいます。そのとき患者とのあいだで起こった不可思議さ、神秘、疑念をそのままもち続け、性急な事実や理由を求めない、それが精神科医がもつべき姿勢で、それをビオンは「ネガティブ・ケイパビリティ」と言ったというのです。それは詩人がもつべき性向と通じるということでビオンはキーツのこの言葉にこだわったのです。

この態度は、本章のはじめのほうで取り上げた松本氏のAさんへの接し方と似ています。自分が学んだ子どもについての理論でもって子どもを理解することを一旦停止（エポケー）せよというわけです。ビオンが患者の「わからなさ」について、一定の色眼鏡（「ものの見方」）で見ることを禁

＊21　このようにempathyは問題となっている人と同じような体験をしたことがある場合に、その人の気持ちを想像し共感できたときに使うが、sympathyは、より一般に同情する、お悔やみを言うというようなときに使う。こちらは同じような体験をしていることを必要とはしない表面的な感情の営みを指す。

＊22　帚木蓬生『ネガティブ・ケイパビリティ――答えの出ない事態に耐える力』朝日新聞出版、二〇一七年。ほかに、枝廣淳子『答えを急がない勇気――ネガティブ・ケイパビリティのススメ』イースト・プレス、二〇二三年なども参考になる。

欲せよと言って患者と自由に接しながらその一挙手一投足から何かを掴む、時間をかけて掴む、結論がでなくても焦らない、じっと何かが出てくるのを待つ、というのでしょうか、それが精神科医に求められている態度というのです。これは先の松本氏の態度と通底しています。

帚木氏自身はビオンが自らの著書のある章の最後に書いた言葉に感銘を受けたといいます。「ネガティブ・ケイパビリティが保持するのは、形のない、無限の、言葉ではいい表しようのない、非存在の存在です。この状態は、記憶も欲望も理解も捨てて、初めていきつけるのだと結論付け[*23]ていると言い、これは精神分析に対する根源的な問いかけだというのです。つまり、学んだ理論も仮設も理解枠も全部捨て、まさにありのままの患者をありのままに受容せよ、と言っているわけですから、これは実に高度な姿勢といえます。答えが出ない、どう接していけば良いかわからない、でもそこから逃げないで関係を続ける、これが精神科医に本当に必要な姿勢だと言うわけです。

先に少し触れたアメリカ等で広がっているマインドフルネスの実践は、仏教の瞑想、ヨガの瞑想を脱宗教化したものですが、これも、日常の意識が言語に規定されていることから少しでも離脱する練習ともいえます。別の言い方をすると、脳の外側の皮質での情報処理だけで生きるのではなく、内部の辺縁系、脳幹部、小脳等の部位、あるいは最近わかってきた腸内の情報処理などにもゆだねる練習ともいえるでしょう。

帚木氏は、そうして見てみると、たとえば有名なウィニコット（Winnicott, D. W.）の「ホールディング」という概念も、このネガティブ・ケイパビリティに近いと言います。ウィニコットは、治療上大切なことは、「今生じていることに手を加えずにもちこたえること」で、その姿勢を「ホールディング」という言葉で示そうとしたのだと言います。精神的な治療では患者が自分自身で自分を発見することを支えることが大事で、治療とはそうした場の提供のことを言う、とウィニコットは考えていたと言うのです。治療は、本人の仕事で、治療者は、その機会を辛抱強く待つことが仕事なのだ、と言うわけです。ここにもネガティブ・ケイパビリティの姿があるといえるでしょう。[*24]

その意味で、帚木氏が自著のサブタイトルに「答えの出ない事態に耐える力」と書いたことの含意がより切実に伝わってきます。子ども理解とは、答え＝正解のない営みであり、にもかかわらず保育者、教育者が永遠に続けなければいけない営みなのです。

＊23　帚木、前掲書（＊22）、二〇一七年、五八―五九頁。なお、ビオンについては、三本の大切な論文を収録した本が翻訳刊行されている。
W・R・ビオン（著）、クリス・モーソン（編）、福本修（訳）『W・R・ビオンの三論文』岩崎学術出版社、二〇二三年。

＊24　帚木、前掲書（＊22）、二〇一七年、八六頁。

5．子どもを内側から理解するために

本章の最後に、各園、各校で、子どもを内側から理解するという営みを楽しく行う手法について一言述べておきます。

それは、毎日、子どもとつきあって子どもたちの命の物語づくりにつきあうなかで、保育者や教師が、子どもの立ち居振る舞いのなかで、感激したこと、感動したこと、驚いたこと、教えられたこと、理解できないけど理解したいと思うこと、等々を、エピソードとして語り合い、それを交流し、共有するという営みを続けることです。子どもに対してダメと思ったこと、嫌と思ったことなどではなく、子どもの当事者性を可能な限り感じ取って、すべてをポジティブに評価する練習をすることです。個性というものの中身を意識的に見える化していくことです。

それができることが、私は、保育者や教師の専門性の大事な要件だと思っています。その力を職場のみんなで築きあげていくこと、これがこの章のさしあたりの結論です。

第10章

ニューロマイノリティを文学から考える
——ウルフとワーズワスを中心に

小川公代

1. 〈医療モデル〉から〈社会モデル〉へ

障害と文学の関係が、どこまで有機的で相互作用的なものであるのかを判断することは、実は非常に難しい。

そう綴りながらも、日本文学の研究者である荒井裕樹さんは日本の障害者運動誕生の背景と文学を結びつけることは重要だと言っています。[*1] 私の研究領域で扱うイギリス文学作品においても、たしかに病や障害と想像力は何世紀も以前から結びついて表現されてきました。

日本では、潰瘍性大腸炎を発病し闘病生活を経験した頭木弘樹さんの『食べることと出すこと』や、発達障害当事者である横道誠さんの『みんな水の中』は医学書院の〈ケアをひらく〉という当事者研究シリーズから刊行されていますが、[*2] お二人は文学研究者でもあり、著書では文学的想像力の豊かさを具体例を挙げて示しています。当事者目線、あるいは「横臥者」(the recumbent) の視

---

*1 荒井裕樹『障害と文学――「しののめ」から「青い芝の会」へ』現代書館、二〇一一年、九頁。
*2 頭木弘樹『食べることと出すこと』医学書院、二〇二〇年。横道誠『みんな水の中――「発達障害」自助グループの文学研究者はどんな世界に棲んでいるか』医学書院、二〇二一年。

点から捉え直そうという営為はすでにモダニズム作家のヴァージニア・ウルフ（Virginia Woolf, 1882-1941）が行っていました。[*3] それをさらに遡れば、イギリスロマン主義時代の代表的詩人ウィリアム・ワーズワス（William Wordsworth, 1770-1850）がいます。S・T・コウルリッジと共に刊行した詩集『抒情歌謡集』（*Lyrical Ballads*, 1798）があるが、その詩集収録の「白痴の少年」（Idiot Boy）もまた、障害を抱える少年とその母親らの想像力の世界が語られる物語詩です。[*4]

ウルフの横臥者の視点に寄り添う頭木さんや横道さんの語りは、障害を個人の身体的な欠損や機能不全（impairment）と見なしてきたいわゆる「医療モデル」とは対照的な「社会モデル」の枠組みに分類されるでしょう。ニューロマイノリティにとっての「社会モデル」とは、彼らの脳の機能にではなく、社会環境のほうに、障害の発生源があるという考え方です。障害学と呼ばれる動きもその流れの中にあるといえます。[*5]

一九七〇年代の障害者運動は発達障害の分野にも影響を与え、一九九〇年代後半から、自閉スペクトラム症を含む発達障害者の権利要求運動としてのニューロダイバーシティ（脳の多様性）が提唱されるようになりました。具体的に、発達障害者支援法（二〇〇五年施行）における発達障害とは、「自閉症、アスペルガー症候群その他の広汎性発達障害、学習障害、注意欠陥多動性障害その他これに類する脳機能の障害」（第二条第一項）です。マジョリティ特権の研究などによっても、次第にニューロティピカル（定型的な脳をもつ、マジョリティ側）からの視点ではなく、ニューロマイノリティの立場からその身体について語ろうとする、存在論への関心が広がってきているのも関係するでしょう。

この動きの背景には、おそらくアメリカの倫理学者・発達心理学者のキャロル・ギリガン（Carol Gilligan, 1936-）による『もうひとつの声で』[*6]を嚆矢とする〈ケアの倫理〉研究の盛り上がりがあります。代表的なものとしては、ジョアン・C・トロント（Joan C. Tronto, 1952-）による『道徳の境界』[*7]や最近ではケア・コレクティヴによる『ケア宣言』[*8]が話題を呼んだことも記憶に新しいのではないでしょうか。

〈ケアの倫理〉がもたらしたアプローチは、独特な問いの立て方に見られます。たとえば、従来の発達心理学が「何が正しいか？」と問う〈正義の倫理〉を掲げていましたが、〈ケアの倫理〉は「どのように応じるか？」という自己では完結しない自他の関係性で生じる葛藤をめぐり問いを立

＊3　片山亜紀の訳が“the recumbent”を「横臥者」と訳している。ヴァージニア・ウルフ、片山亜紀（訳）「病気になるということ」二〇二〇年。

＊4　ウィリアム・ワーズワス、宮下忠二（訳）「白痴の少年」『抒情歌謡集』大修館書店、一九八四年、九三頁。

＊5　立岩真也「障害／障害学」『現代倫理学事典』弘文堂、二〇〇六年。なお、日本では二〇〇三年に障害学会設立。

＊6　Gilligan, C.（1982）. *In a Different Voice: Psychological Theory and Women's Development*. Harvard University Press.（川本隆史・山辺恵理子・米典子（訳）『もうひとつの声で――心理学の理論とケアの倫理』風行社、二〇二二年。）

＊7　Tronto, J. C.（1993）. *Moral Boundaries: A Political Argument for an Ethic of Care*. Routledge.

＊8　The Care Collective（2020）. *The Care Manifesto: The Politics of Interdependence*. Verso Books.（岡野八代・冨岡薫・武田宏子（訳）『ケア宣言――相互依存の政治へ』大月書店、二〇二一年。）

＊3

ているからです。これは医療者、健常者と障害当事者との視点の間に存在してきた大きな溝の間に架橋する視点を浮かび上がらせました。まさに、「社会モデル」に限りなく近い問題意識であるといえます。

「社会モデル」的なアプローチとしては、アメリカでは、『嗅ぐ文学、動く言葉、感じる読書』[*9]を刊行したラルフ・サヴァリーズ（Ralph James Savarese）や、自閉症啓発のための講演活動を行っているテンプル・グランディン（Temple Grandin, 1947-）など、またイギリスでは、アスペルガー症候群のある大人のためのメンタリングおよび企業・団体向け訓練を提供しているサラ・ヘンドリックス（Sarah Hendrickx）によって『自閉スペクトラム症の女の子が出会う世界――幼児期から老年期まで』[*10]などが刊行されています。当事者、あるいは当事者家族による研究によって脳の多様性が広く認知されるようになりました。グランディンは、自閉症がまだ社会に認知されていない時代に育ちましたが、フランクリン・ピアース・カレッジでは心理学学士、アリゾナ州立大学では動物学修士を取得し、その後もニューロティピカルの間で定着している実践を揺るがすような著書を多数刊行してきました。[*11]このように、「医療モデル」を逸脱するような当事者研究は、社会によってスティグマ化されてきた障害をより人間らしい視点から捉え直すことによって、ケア（care）やディスアビリティ（disability）を考えるための豊かな土壌を作り出してきたといえるでしょう。

私自身は二〇二二年三月に、横道誠さんの『唯が行く！』[*12]をめぐる鼎談（横道誠×斎藤環×小川公代）に参加したことによって、発達障害と文学を結びつけて考えることのできる新たな知見を得ることができました。横道さんが上梓されたこの著書には、障害の当事者が集団で行う活動のなかにある「オープンダイアローグ」という実践について書かれてあります。これは、当事者たちがファシリテーター（進行役）を交えて対話を重ねていくアプローチが特徴的な、フィンランド発祥の治療的対話方法です。この対話実践においては、権威的立場にある人はいません。なぜなら、参加者が互いの声にしっかり耳を傾ける「ポリフォニー」（多声）的な営みだからです。『唯が行く！』には、スティグマによって誤解されてきた発達障害当事者たちの自由な語りがあり、大変啓発的です。ぜひ手にとって読んでみてください。

横道さんの著書と同様、サヴァリーズの『嗅ぐ文学、動く言葉、感じる読書』にも、「ティト」という自閉スペクトラム症の当事者が紹介されています。次のように、ティトはメルヴィルの『白鯨』を読んで、語り手イシュメールの言葉を引用しています。

＊9　Savarese, R. J. (2018). *See It Feelingly : Classic Novels, Autistic Readers, and the Schooling of a No-Good English Professor*. Duke University Press.（岩坂彰（訳）『嗅ぐ文学、動く言葉、感じる読書――自閉症者と小説を読む』みすず書房、二〇二一年。）

＊10　Hendrickx, S. (2015). *Women and Girls with Autism Spectrum Disorder: Understanding Life Experiences from Early Childhood to Old Age*. Jessica Kingsley Publishers.（堀越英美（訳）『自閉スペクトラム症の女の子が出会う世界――幼児期から老年期まで』河出書房新社、二〇二一年。）

＊11　Barber-Stetson, C. (2014). Slow processing : A new minor literature by autists and modernists. *Journal of Modern Literature*, **38**(1), 150.

＊12　横道誠『唯が行く！――当事者研究とオープンダイアローグ奮闘記』金剛出版、二〇二二年。

ここで洗いざらい白状させていただくが、わたしはあまり立派な見張りではなかった。宇宙の問題が頭にうずまいているというのに――思考を刺激して止まぬ高所にひとり放置されているとなれば――「ツネニ刮目シテ警戒ヲオコタラズ、事アラバ声ヲアゲヨ」というあらゆる捕鯨船に共通する金科玉条を遵守することなど不可能ではないか。[*13]

ティトによれば、イシュメールのこの言葉は「自閉症者が感覚の中に我を忘れるようすを限りなく見事に表現している」のだそうです。[*14] ここには、捕鯨船に乗船するイシュメールの日常的な業務に対する苦手意識が綴られる一方で、壮大な（宇宙規模の）想像力が渦巻いている状態が表現されていますが、これは過敏な嗅覚と没入のせいで書店の仕事に就けなかったティト自身の経験と重ねられているわけです。しかし、このような日々の仕事や業務に差し支えがあるような想像力は決して否定されてはいません。むしろ、文学的才能という肯定的なものと関連づけられています。たとえば、ASDの特徴として、「自分の世界に没頭する」ことがありますが、この「フロー状態」（心理学の用語で、没頭、夢中、熱中）や「感覚過敏」（「音」を極端に気にする）は、芸術的な活動においては必ずしも悪い面ばかりではないという考え方です。

障害をもつ人たちは無力というのではなく、無力化されてきたのではないでしょうか。ハンセン病に苦しむ人々について研究する有薗真代さんの言葉からもそれは読み取れます。「隔離壁」の中のハンセン病患者は、「かれらを無力にし、生の自律性を奪おうとする圧力」にさらされながらも、かれらにとってみれば、自分たちの「築いてきた自由と平和を侵すな」というメッセージを送り続けているのだと言います。有薗さんの著書『ハンセン病療養所を生きる』の副題「隔離壁を砦に」からは、「みずからの置かれた否定的な条件を肯定的なものへと転じてい」こうとする障害者や患者たちの意思が感じられます。[*15]

ＡＳＤとＡＤＨＤの診断をされた横道さんは、能力の凸凹（でこぼこ）があったため、長年医学的な診断を受けずにいたそうです。彼の『みんな水の中』という著書でも、いかに文学のポリフォニー性（オープンダイアローグ的な多声性）や両性具有性が救いになってきたかが説明されています。[*16]後述する横道さんが体験する「フロー体験」もヴァージニア・ウルフの言葉と重ねられたりしています。本稿では、読者や研究者は「存在論的な限界」（つまり身体性）を超えて、いわば「隔離壁」の内側に入り込んで、当事者に寄り添うことはできないかという問題提起をしながら、ウルフやワーズワスの作品と〈ケア〉という観点から考えてみたいと思います。

＊13　メルヴィル、八木敏雄（訳）『白鯨（上）』岩波書店、二〇〇四年、三八八頁。
＊14　ラルフ・ジェームズ・サヴァリーズ、岩坂彰（訳）『嗅ぐ文学、動く言葉、感じる読書——自閉症者と小説を読む』みすず書房、二〇二一年、七三頁。
＊15　有薗真代『ハンセン病療養所を生きる——隔離壁を砦に』世界思想社、二〇一七年、一七四—一七五頁、一七七頁。
＊16　横道誠『みんな水の中——「発達障害」自助グループの文学研究者はどんな世界に棲んでいるか』医学書院、二〇二一年、二〇三頁。

2. ウルフとキャロルのニューロマイノリティの視点

サヴァリーズが度々言及するのが、長らくニューロマイノリティとして活動してきたテンプル・グランディンの言葉。グランディンは、ニューロティピカルな世界において自分はどうすればうまく振る舞えるのか考えてみても、結局「順応できない」(I never fit in) と書いています。[*17] 横道さんにとって発達障害の「からだ」(あるいは存在論的な限界) を乗り越える方法論は、文学作品との対話であると言います。典型的な例を挙げると、彼の著書『イスタンブールで青に溺れる』によると、ウルフが文学作品で表現している「霧散する」ような自己表象と自身の「フロー体験」とが響き合うのだそうです。「自閉スペクトラム症があると、自我が不安定になる。そのため、解離しやすい。解離とは精神医学の用語で、現実と空想が融合してしまった精神状態のことだ。僕には深刻ではないが、その解離がある」[*18]。ここには、この障害によく付随する聴覚情報処理障害によって引き起こされる世界が「泡立つ感覚」[*19] にも言及されています。

……自分の事情がわからないまま、僕は人間関係で孤立を深めた。

この孤絶に対する自分なりの解決は、「融解」だった。フロー体験を得ることによって、僕は自分の身体感覚を飽和させ、外界に向かって霧散させることができる。そうして、僕はキマイラ現象をリセットする。……

その感覚は、ヴァージニア・ウルフが長編小説『波』で描いた時空に似ている。

このように横道さんは述べ、ウルフから以下の文章を引用しています。

……花を摘む。花束を作り、胸に抱えて捧げる――ああ！　でもだれに？　わたしという存在の流れを堰きとめるものがある。深い流れが、何かの障害物を圧迫する。ぐいっと引っぱる、たぐる。けれど何か中心にある魂が抵抗する。ああ、これが痛み、これが苦悶！　……ほら、わたしの身体が溶けていく。[*20]

「融解」体験の存在論的な限界、孤絶感を乗り越えるにはどうすればいいのか。横道さんによれば、オープンダイアローグや自助グループの対話を通して「人間関係を太くして、孤立から抜けだすこと。ここに追いつめられた心の再生の鍵があると思う[*21]」と書かれているように、人間同士の対

＊17　Grandin, T. (1995). *Thinking in Pictures : My Life with Autism*. Vintage Books, p. 153.
＊18　横道誠『イスタンブールで青に溺れる――発達障害者の世界周航記』文藝春秋、二〇二二年、一六六頁。
＊19　同前書、三頁。
＊20　ヴァージニア・ウルフ、森山恵（訳）『波〔新訳版〕』早川書房、二〇二一年、六三頁。
＊21　横道、前掲書（＊16）、二〇二一年、一九五頁。

話を重要視しています。他方、「文学と芸術によって」も「多重スティグマを『あやす』ことができ、それを低減させ」ることができると言います。[*22]「『みんな水の中』と感じている僕に、精神の『快晴』を与えてくれるのが、自然と人工の圧倒的景観や、愛着を抱いた文学・芸術作品[*23]」であるとも述べています。横道さんの『唯が行く！』は、そのオープンダイアローグをフィクション仕立てにして対話を物語のようにして綴っているといえるでしょう。

ペンシルベニア州立大学教授のマイケル・ベルーベ（Michael Bérubé, 1961-）は、発達障害をもつ息子ジェイミーが生まれてから「障害学」を研究し始めたと語っています。インタビューでは、それがまさに存在論的なアプローチであったことを自らの経験から伝えています。ベルーベは大学では英文学を専攻し、ジェイミーが生まれるまでは『障害学』について何も知らなかったというのです。[*24]このベルーベの発言は、私たちに「言語と身体をめぐる問題」についての再考を促します。また、人文学における身体という問題は一九九〇年代以降にようやく論じられるようになり、最初はジュディス・バトラー（Judith P. Butler, 1956-）による『ジェンダー・トラブル』[*25]やクィア理論について、〈身体〉が先か〈言葉〉が先かという問題が浮上しました。そして、一九九〇年代中盤になり、ようやく障害学という学問が導入されるようになったのです。ジェンダーやクィアの身体から、非定型的な（non-normative）な身体へと関心が広がっていきました。[*26]

横道さんによれば、発達障害者に対して、長年「想像力の障害」が指摘されてきましたが、これは「非定型的な想像力」と言った方が正しいと言います。[*27]どういうことかというと、発達障害者に

「想像力」が欠如しているのではなく、「定型的」なものとされている想像力とは異なるだけだという考え方です。それに関連して言うと、横道さんが共感したウルフの実験的な小説『波』（*The Waves*, 1931）[*28]も、決して「定型的」と呼べる想像力が表現されているわけではありません。この小説では、先述した複数の声が共鳴する「ポリフォニー」が、モダニズム文学の「意識の流れ」という、登場人物の内面世界が次々と語られる手法として効果的に用いられています。そういう意味で、この作品は特に「オープンダイアローグ」的であるといえ、バーナード、ルイ、ネヴィル、スーザン、ジニー、ローダなど多種多様な劣等感をもつ人間の内面が読者に直接伝えられています。ウル

＊22　横道、前掲書（＊16）、二〇二一年、二〇三頁。

＊23　横道、前掲書（＊18）、二〇二二年、四頁。

＊24　Bérubé, M. (2006). Rereading for Disability Studies. *Columbia College Today*.

＊25　ジュディス・バトラー、竹村和子（訳）『ジェンダー・トラブル——フェミニズムとアイデンティティの攪乱』青土社、一九九九年。

＊26　他にも、障害と文学をめぐる様々な研究が行われてきた。Quayson, A. (2010). Autism, narrative, and emotions: On Samuel Beckett's Murphy. *University of Toronto Quarterly*, **79**(2), 838-864. Barber-Stetson, C. (2014). Slow processing: A new minor literature by autists and modernists. *Journal of Modern Literature*, **38**(1), 147-165. Laville, C. (2014). Idiocy and Aberrancy: Disability, Paul de Man, and Wordsworth's "Idiot Boy". *Mosaic: An Interdisciplinary Critical Journal*, **47**(2), 187-202. Mulvihill, M. E. [Internet]. *Dancing on Hot Bricks: Virginia Woolf in 1941*. Rapportage.

＊27　横道、前掲書（＊18）、二〇二二年、一九五頁。

＊28　ウルフ、前掲書（＊20）、二〇二一年。

＊24

＊26

フは、『オーランドー』（*Orlando: A Biography*, 1928）[*29]という小説も書いていますが、最初男性として、後に女性としての生を三百年以上も生きた主人公オーランドーの物語は、いわば「ひとりオープンダイアローグ」ともいえます。ポリフォニーはオープンダイアローグ的で、登場人物にとっての癒し、引いては作者ウルフにとっての癒しになっていたのではないでしょうか。

二十一世紀の新自由主義的な風潮において特に感じられることですが、屹立した自己同士が競争し合う社会は、障害や病を抱える人々にとって必ずしも生きやすい社会とはいえません。ウルフの横臥者の視点は、勝ち負けではない世界を見ようとしています。彼女は「病気になるということ」というエッセイで、病気になれば、元気だった頃の人づきあいや文明化などといった見せかけはおしまいにして、「ただちにベッドに横になるか、椅子にいくつも枕を置いて深々と座り、もう一つの椅子に両脚を載せて地面から一インチばかり引き上げる。そして私たちは直立人たちからなる軍隊のしがない一兵卒であることをやめ、脱走兵になる」と書いています。「責任を免れ利害も離れ、おそらくは数年ぶりで周囲を見わたし、見上げる——たとえば空を」というウルフの心には快晴がもたらされているかのようです。[*30]

『不思議の国のアリス』（*Alice's Adventures in Wonderland*, 1865）の作者、ルイス・キャロル（Lewis Carroll, 1832-1898）は時代的にウルフに先立って競争社会、強者が優位に立つような社会に異を唱えていました。フロイト以前の一九世紀精神医学では、現実離れした空想の世界を信じ込むことは成熟した大人にとっては「狂気」（insanity）であると考えられていたのです。ウルフの短編「壁のしみ」[*31]も、物語のプロットがなく、語り手の意識が流れるままに壁のしみから様々なことが想起される点で突飛といえます。このような想像世界はヴィクトリア朝時代においては常軌を逸していると考えられたでしょう。「壁のしみ」も今では実験的な試みとして読まれていて、『不思議の国のアリス』にいたっては、文学史上に輝く金字塔という位置づけですが、いずれの作品も定型的な想像力とは言い難いのではないでしょうか。

たとえば、当時の医師のヘンリー・ホランド（Henry Holland, 1788-1873）は、「狂気」を「非現実的なイメージと実際に外界からの刺激によって引き出される知覚の区別が部分的にあるいは完全に失われること」であると説明していました。[*32]『不思議の国のアリス』は、ヴィクトリア朝時代の社会で抑圧されていた夢の世界が許されている点では、当時の精神医学の常識に抵抗するキャロルの態度を明確に示しているといえます。その原因の一つに彼の「神経症」（neurotic）があると指摘されていますが、[*33]より最近の研究では、キャロルは自閉スペクトラム症であったとも言われています。『不思議の国のアリス』で表される彼の想像力は、ドードー鳥が提案するコーカス競走に象徴

＊29　ヴァージニア・ウルフ、川本静子（訳）『オーランドー——ある伝記』みすず書房、二〇〇〇年。
＊30　ヴァージニア・ウルフ、片山亜紀（訳）「病気になるということ」二〇二〇年。
＊31　ヴァージニア・ウルフ、川本静子（訳）『壁のしみ——短編集』みすず書房、一九九九年。
＊32　Holland, H. (1852). *Chapters on Mental Physiology*. Longman, p. 113.
＊33　Coveney, P. (1967). *The Image of Childhood* (revised edition). Penguin Books Baltimore, p. 328.

＊30

的に表れています。キャロルの世界は、根本的にノンセンスで現実離れしているのです。「まずレースコースを円みたいに描く」、それから「全員がコース沿いにあっちゃこっちに立つ」。その後に、『かまえてえ、よおい、どんっ！』好きな時に走り始め、好きな時にやめてよいから、いつ競走が終わるのかはよくわからない」のです。コーカス競走の特徴は、勝者がいない、あるいは「皆が勝った、だからだれもに賞品」が与えられるべきというおかしなルールにあります。[*34]「競争」(competition)の寓話には、ダーウィニズムの生存競争、あるいは強者が生き残る風潮を揶揄する目論見もあったでしょう。この不思議の世界で「権力」をもつクィーンこそ、ヴィクトリア朝時代の大人の権威、社会のヒエラルキーを象徴する存在で、おそらくキャロルがもっとも忌避した対象であると考えられます。

権力をもつ者をめぐっては、ウルフ自身も様々なエッセイや作品において苦言を呈しています。精神を病んで医者にかかっていたことがあり、安静療法が推奨されていました。この治療法を主治医に課されたウルフは非常に苦しみました。というのも、夫のレナードによれば、彼女は書くことも読むことも禁止され、「狂ったように激怒した」ほどだからです。[*35]患者の言葉に耳を傾けることをせず、一方的に治療法を言い渡される辛さは作者のウルフ自身が経験したことでした。

そういう意味で、ウルフは異母姉妹（父親の最初の結婚による娘）で知的障害者のローラ・スティーヴンと自分を「横臥者」として重ねて考えていたのかもしれません。長年ウルフ研究に従事してきたヒラリー・ニューマン（Hilary Newman）は、ローラがウルフに及ぼした影響について書いています。最初は家族と一緒に暮らしていたローラですが、ニューマンによれば、父レズリー・スティーヴンはローラに対して度々かっとなって怒りをぶつけていたのだそうです。そこで、父親はヴィクトリア朝時代当時には「精神薄弱者」の治療で名高いとされたラングドン・ダウン医師（Dr. Langdon Down）に相談し、その結果、ローラは、「精神障害（遅滞）」（suffering from ‘imbecility’）と診断されました（当時の用語では a milder form of ‘idiocy’ とされていた）。[*36] 一八九一年に精神病院に収容され、一九四五年に施設で亡くなっています。ウルフが弱者の側に立った背景には、このような家族内における序列関係があるようです。

クレア・バーバーステットソン（Claire Barber-Stetson）によれば、ジェイムズ・ジョイス、ヒュー・マクディアミッド、そしてウルフらは、「モダニズム」をヴィクトリア朝時代（とエドワード朝時代）から受け継いだ社会的、文学的伝統を打破するためのものとして捉えていました。能力至上主義の社会では、「十分に社会的協働が可能な成員」でないマイノリティは排除されがちですが、文化的なレベルでは、この「打破」するという方法論は、自閉スペクトラム症を「欠陥」（deficit）

＊34　ルイス・キャロル「不思議の国のアリス」マーティン・ガードナー、高山宏（訳）『詳注アリス　完全決定版』亜紀書房、二〇一九年、一〇四頁。
＊35　小川公代「〈ケア〉とは何か？——横臥者たちの物語」森岡正芳（編）『治療文化の考古学（臨床心理学 増刊一三号）』金剛出版、二〇二一年、一八七頁。
＊36　Newman, H. (2006). *Laura Stephen : A Memoir.* Cecil Woolf, pp. 14, 19, 21.

と捉えるより、むしろ「文学的、認知的な能力を承認する」ため、「ニューロダイバーシティ運動」(neurodiversity movement) の擁護とも考えられると述べています。[*37]

仮にウルフが自閉スペクトラム症の障害をもっていたとして、その「スペクトラム」、つまりグラデーション、あるいは「段階」で言うと、ローラと比べて軽度だったのではないでしょうか。しかし、同じように鋭敏な感覚をもっていたであろうことは彼女の作品やエッセイを読めば明らかです。そして、それは次の引用にも表されるような、想像力という肯定的な性質として捉えることができます。

蜂の羽音、低い歌声、匂い、すべてのものが身体のどこかの薄膜に官能的に押しつけてくるようだ。それを破裂させないで、そのまわりで完璧な有頂天の喜びを小声で歌っているので、私は足を止め、匂いをかぎ、眺めたのだ。しかし、またもや私はあの歓びを書き表すことができない。あれは恍惚感というよりは歓喜だった。これらの絵のような光景のもつ力――だが視覚は当時つねに音とまざり合っていたので、絵のような光景というのは適当な言葉ではない――とにかくこれらの印象の持つ力がふたたび私を本筋から逸れさせる。[*38]

ウルフ自身の発達障害や双極性障害などの精神障害についても様々な研究がなされています。ただ、それは祖父（レズリー・スティーヴンの父）からの遺伝というだけでなく、異母兄弟による性被害のトラウマによる影響も指摘されています。[*39] その他にも、モダニズムと精神障害をめぐり研究が行われてきました。ダニエル・ピック（Daniel Pick）は、第一次世界大戦の後、帰還兵たちがシェルショックの後遺症の障害として「四肢が麻痺したり、筋肉が収縮したり、脅迫行動、記憶障害、睡眠障害などを引き起こしたり」、様々な症状に苦しめられた事例を紹介しています。[*40]

また、アントニー・ドッターマン（Anthony Matthew Dotterman）はヴィクトリア朝時代の厳格な性規範の影響などを挙げつつ、ウルフの『灯台へ』に描かれたキャムがいかにローラを彷彿とさせるか、またいかにヴィクトリア朝時代の「定型的」な考え方や家父長制に抗う少女としてのローラが「障害」を超越していたかに注目しています。[*41]『灯台へ』でキャムがどのように描かれているか見てみましょう。

＊37　Barber-Stetson, C. (2014). Slow processing: A new minor literature by autists and modernists. *Journal of Modern Literature*, **38**(1), 151.

＊38　ヴァージニア・ウルフ、出淵敬子（訳）「過去のスケッチ」『存在の瞬間――回想記』みすず書房、一九八三年、一〇一頁。

＊39　Boeira, M. V. et al. (2017). Virginia Woolf, neuroprogression, and bipolar disorder. *Revista Brasileira de Psiquiatria*, **39**, 69–71.

＊40　Pick, D. (1996). *Faces of Degeneration : A European Disorder, c. 1848–1918*. Cambridge UP, pp. 231–232.

＊41　Dotterman, A. M. (2015). *Neurodiverse Modernism : Cognitive Disability and Autism in the Works of Virginia Woolf, William Faulkner, Joseph Conrad and Samuel Beckett*. A Dissertation Presented, Stony Brook University.

＊41

「おうちに入るか外へ行くか、どちらかになさい、キャム」夫人は言った。娘は「ヒラメ」という語に釣られているにすぎないと心得ている。いまにもジェイムズにちょっかいを出して喧嘩をはじめるだろう。母にそう言われると、キャムはまた飛びだしていった。夫人はほっとして本の続きを読み出した。[*42]

この引用文からも、キャムがラムジー夫人を困らせてしまうような子どもであることはうかがえますが、次のような彼女の想像力は、もしかするとローラ（そしてウルフ自身）の、規範に捉われない発想やふるまいを投影していたのかもしれません。「きっとこのあたりで、とキャムは指を海面に浸しながら思う。船が沈んだんだ。そして半ばまどろみながら夢見心地で呟いた。われわれは滅びぬ、おのおの独りにて。[*43]」

一九八〇年代に「ケアの倫理」を提唱したキャロル・ギリガンは、お互いがお互いに対して応答し合い、依存し合う価値、何が正しいか決めつけない価値を擁護しました。ギリガンは、じつはヴァージニア・ウルフの影響を受けています。「ケアの倫理」とは、自立する自己の価値よりも、自己が他者との関係や他者へのケアに価値を置くという倫理です。

「女性の価値観が、しばしば、男性のつくり上げた価値観とは異なることは、明らかである」と、ヴァージニア・ウルフは語る。しかし、「席巻しているのは、男性の価値観である」と、付け加える。その結果、女性は、自分の感情はおかしいのではないかと危ぶみ、他人の意見に従って自分の判断を変更するようになる。ウルフの見るところ、女性によって書かれた一九世紀の小説には、「外部の権威に従って、ほんの少し平凡から外され、クリアな視界が歪められる精神」が作用している。[*44]

ギリガンにとって、ウルフが擁護した「女性の価値観」は確かにマイノリティに求められる「正常さ」でしたが、それこそマジョリティ側に損なわれないよう抵抗する必要があったわけです。ギリガンがおそらくもっともウルフに共感したのは、「決めつけない」ことが大切という「ネガティヴ・ケイパビリティ」的な性質ではないでしょうか。これは、ロマン派詩人ジョン・キーツが兄弟に宛てて書いた書簡で言及した言葉です。「短気に事実や理由を手に入れようとはせず、不確かさや、神秘的なこと、疑惑ある状態の中に人が留まることができるときに表れる」この能力は、新自由主義の「能力至上主義」に求められるものとは本質的に異なっています。障害学でも「社会モデ

＊42　ヴァージニア・ウルフ、鴻巣友季子（訳）「灯台へ」池澤夏樹（編）『世界文学全集 II-01 灯台へ／サルガッソーの広い海』河出書房新社、二〇〇九年、七三頁。
＊43　同前書、二四四頁。
＊44　キャロル・ギリガン、川本隆史・山辺恵理子・米典子（訳）『もうひとつの声で――心理学の理論とケアの倫理』風行社、二〇二二年、八二頁。

ル」を実現させるために期待される能力は、存在論的な問いを伴う耐え忍ぶ力でもあります。権威をもつ「医療モデル」を批判する「社会モデル」と姿勢が同じではないでしょうか。

従来の発達心理学が依拠してきた「正義の倫理」（ethics of justice）は、自律的な個人同士が競い合い、互いの権利の優先順位が抽象的な原理によって定められるという倫理であり、新自由主義的社会には都合がよいでしょう。それと対極にある「ケアの倫理」と「依存」の旗手といえば、エヴァ・キテイ（Eva Feder Kittay）です。キテイにとって、誰かに依存することとは、健常者であっても避けられないことなのです。なぜなら「個人を訓練して『十分に社会的協働が可能な成員』にするためにほぼ二〇年の歳月がかか」り、人の「寿命が長くなるにつれ、私たちの人生のうちの老年期の割合は次第に大きくな」ってきているからです。さらには、「医療の進歩にもかかわらず、アメリカの人口の約一〇％が重度の障碍を負ってい」ます。[*45] また、「本当の意味で自立している人間はいない」というマイケル・ベルーベたちの言葉は、障害学の核心部をなします。「『自力で出世した人間』（self-made man）を理想化する現代社会においては常に意識しなければならない」という言葉は自戒を込めて覚えておきたいところです。[*46] 障害があり、「社会的協働が可能でない」人は自立優先型社会でどう生きればよいのかというのは、ウルフの小説『ダロウェイ夫人』（*Mrs. Dalloway*, 1925）のテーマでもあります。

3．ウルフとワーズワスのケアの表象

『ダロウェイ夫人』は、主人公クラリッサ・ダロウェイが朝花を買いに出かけ、夜のパーティが終わるまでの一日を描いた物語です。サブプロットの主役である帰還兵セプティマス・ウォレン・スミスが戦争神経症のため自殺するということもあり、戦争の文脈で読まれることも多いですが、二十世紀初頭のパンデミックやウルフ自身も苦しんだインフルエンザや双極性障害などを踏まえると、『ダロウェイ夫人』は病文学としても読めるでしょう。この小説の舞台はスペイン風邪大流行から数年経った一九二三年に設定されています。この病に罹った横臥者としてのウルフを意識できれば、たとえば、さりげなく書かれている「病気以来、髪の毛はほとんど白くなってしまった」というクラリッサが、インフルエンザ後遺症によるポスト・パンデミックな身体をもつウルフの経験から描かれていることを理解することができます。[*47]

セプティマスは戦争の文脈でも分析されてきましたが、それは国家の「正義」とは全く別の文脈においてです。セプティマスは後遺症としての幻覚に苦しめられ、キテイの言葉を借りれば、「十

＊45　エヴァ・フェダー・キテイ、岡野八代・牟田和恵（監訳）『愛の労働あるいは依存とケアの正義論』白澤社、二〇一〇年、一九六頁。

＊46　Bérubé, M. & Lyon, J. (2005). *Knowing our minds.*

＊47　ヴァージニア・ウルフ、近藤いね子（訳）『ダロウェイ夫人』みすず書房、一九九九年、四七頁。

＊46

分に社会的協働が可能な成員」にはなれません。精神疾患を抱えながら、健常者になれる見込みは絶望的です。戦場に行く前に弱かったセプティマスも、戦争で男らしさを増していきますが、上官のエヴァンズが死に、イギリスに帰国したセプティマスからは「男らしさ」「正義」は失われます[*48]。セプティマスは妻ルクレッツィアからも自律的な自己や「男らしさ」を期待されますが、彼はそれに応えることができません。

　興味深いのは、この小説ではセプティマスの診療にあたる医師たちが「医療モデル」を体現していることです。社会のマジョリティ側の人間として医師が二人登場します。ホームズ医師は、セプティマスが幻覚で苦しんでいるにもかかわらず、「わけのわからないことを言って、奥さんをおどかしておられるのですかね」と冷たく突き放しています[*49]。ブラッドショー医師はより権威があり、セプティマスを一目見ただけで「重症患者である[*50]」と確信し、田舎の療養所での休息を勧めてはいますが、ケアの精神はみられません。最終的に自宅の窓から身を投げて自殺してしまうセプティマスに心から共感しているのは、彼と一度も会ったことのないクラリッサ・ダロウェイなのです。

　自閉スペクトラム症について執筆しているワーズワス研究者でイエール大学教授のプリシラ・ギルマン（Priscilla Gilman）は発達障害をもつ子どもを育てた経験に基づいて、『アンチ・ロマンティックな子ども』（*The Anti-Romantic Child : A Story of Unexpected Joy*, 2011）を書いています。

　　「私たちは何かを学ぶかもしれない。それを教えるのかもしれない。（中略）自分たちがそのことについては制覇したと感じるようなことかもしれない。しかし、文学作品に描かれた経験をじっさい生きてみれば、そんな感覚は根底から覆されるでしょう。〔息子は〕私に目を、耳を、そして謙虚なケアや繊細な恐怖心を与えてくれました。」（筆者訳）[*51]

この転換点は、まさに歴史的にアカデミアの世界がここ数十年で経験してきた〈認識論〉から〈存在論〉の言説への転換でもあるといえます。「経験を生きる」（live the experience）というのは、数字や理論に換言できない、「身体」的、存在論的な経験を意味します。息子ベンジャミンを育ててみて初めて、彼が「自立型の自己」が想定できる「予測可能な」科学的なもの、定量化できるものとは違う体験をしていることに気づくのです。その体験をギルマンは、ワーズワスの詩「発想の転換を」（The Tables Turned）を援用しながら書いています。彼女が注目する言葉は、以下に引用した四行です。

＊48　セプティマスはエヴァンズに対して同性愛的な愛情を抱いていたという研究がある。ただし、当時それは性規範から外れるという理由で、公にその死を悼むことができなかった。そして、その感情は抑圧され、結果、彼の病を悪化させたのかもしれない。マイケル・ウィットワース、窪田憲子（訳）『ヴァージニア・ウルフ』彩流社、二〇一一年、二六〇頁。

＊49　ウルフ、前掲書（＊47）、一九九九年、一二〇頁。

＊50　同前書、一二二頁。

＊51　Gilman, P. (2011). *The Anti-Romantic Child : A Story of Unexpected Joy*. Harper Books.

＊51

自然がもたらす知恵は素晴らしい
私達がこねくり回す知性は
物事の美しい形を損なってしまう
解剖し過ぎてだめにしてしまうのだ

先述した「ネガティヴ・ケイパビリティ」という言葉は、「こねくり回す知性」(Our meddling intellect) のために「美しい神秘」が失われてしまうことを嘆いたキーツが、彼の兄弟に贈った言葉でした。

ロマン主義文学作品には他者を受け入れる「ネガティヴ・ケイパビリティ」を表現したものが多数ありますが、ワーズワスの「白痴の少年」[*52]は好例といえるでしょう。この詩の語り手は、ギリガンが言うところの男性の価値観を体現するような立場から語ります。どちらかといえば「ネガティヴ・ケイパビリティ」を理解できない人物といえるでしょう。この語り手は母親ベティの知的障害者の息子ジョニーへの奇怪な行動に早急にも疑問を投げかけています。それに対して、ベティは息子に愛情をかけ、信頼しています。彼女は病で苦しむ隣人のスーザンを救うために息子を馬に乗せ、町まで医者を呼びにやらせます。「愛する白痴の子」と繰り返し言及されますが、ベティの支離滅裂な行動を「こんな話は聞いたことがない」と語り手は上から目線で批判しています。ベティが図らずもスーザンを救うことができたのは、彼女がジョニーを見つけ出し、彼への深い愛情を再認識したときです。「今こそこの眼ではっきりみつけた、いとしい、いとしい白痴のわが子」と語っています。さらには、ジョニーのことを心配して「悩んでいるうち、身体はさらによくなってきた」と、スーザンの突然の回復という奇跡まで起きています。ワーズワスはベティの行為に人間の行動を善へ導くものとしての「愛」の重要性を示唆しています。

詩の語り手は、知的障害者ジョニーの「代弁者」としての保護者ベティの資格に疑問を呈しています。たとえば、語り手はジョニーの唇を振動させて鳴らす音（"burr, burr, burr"）や彼の笑い（"laughs aloud"）を理解できないと言ったりします（"cannot tell"）。語り手の理解が及ばないジョニーの振る舞いを、批評家が様々に解釈してきました。クレア・ラヴィル（Claire Laville）は、ベルーベの言葉を引用しながら、「重度の障害者の尊厳を守る最も確かな方法は、彼らの保護者たちを『他者を代弁する』権利と責任をもつ人間として認めることだ」と述べ、ベティとジョニーの立場を擁護しています。[*53] ジョニーの言葉にはある種の真理が隠されていることが示され、またベティ（ケアラー）が息子の才能を誇らしく語ることも肯定視されている箇所が最後にあるので、ここで引用しておきたいと思います。

＊52　ウィリアム・ワーズワス、宮下忠二（訳）「白痴の少年」『抒情歌謡集』大修館書店、一九八四年。

＊53　Laville, C. (2014). Idiocy and aberrancy: Disability, Paul de Man, and Wordsworth's "Idiot Boy". *Mosaic: An Interdisciplinary Critical Journal*, **47** (2), 193.

「雄鶏が、ほほう、ほほう、と鳴いて、
　お日さまが冷たく光っていたよ」
　　――ジョニーは得意顔でこう答えた[*54]

ワーズワスが綴っている「お日さまが冷たく光っていた」というジョニーの言葉はキーツが「ギリシャの壺に寄す」（Ode on a Grecian Urn）に書いた印象深い言葉「Cold pastoral」（冷たき牧歌）を予感させます。人間は矛盾する言葉を見るとよく考えもせずに却下してしまう傾向があります。しかし、世界は矛盾に満ちていて、ロマン派の詩人たちはそういう矛盾に目を向けていました。キーツは、「ギリシャの壺に寄す」という詩のなかで、大理石に生き生きと描かれた「人や乙女たち」が冷たいながらも生命を宿しているという矛盾に焦点を当てています。冷たい大理石に温かい生命が刻まれるという表現は、理性的、あるいは科学的な思考には反しつつも、詩的に豊かな世界が広がっているとはいえないでしょうか。ワーズワスの詩には、「ジョニーの智慧や手柄など」（Of Johny's wit and Johny's glory, l. 136）についてスーザンに語る母親ベティの信仰にも似た思いが込められているように感じます。

先述したエヴァ・キテイも哲学の研究者であり、また重度の障害がある娘セーシャのケアラーとしても生きてきました。障害者についての研究では様々な発見をしたとキテイは語っています。「研究者たちはまた（誰にも驚いてほしくないが）、その子の『無力さとか弱さ』の程度が大きければ大きいほど、世話の負担は大きくなる、ということも発見した。セーシャを世話すること、彼女の日常的ニーズや医療的ニーズに応えること、彼女のニーズや要求を解釈することは、ある特定の期間ではなく、二七年セーシャが生きている間ずっと、本質的挑戦であり続けてきた」。[*55]

もちろん今でもまだ「社会モデル」が社会全体に浸透しているとはいい難いでしょう。そう考えると、一九世紀に障害をもつ当事者目線を詩に取り込んだワーズワスは、新しい領域に踏み込もうとしていたとはいえないでしょうか。発達障害の子どもの「唯一性」(uniqueness) を認めようとする視点も含め、ラヴィルはそうしたワーズワスの功績を称えています。「ウルフが批判している女性に見られる追随と混乱は、彼女が女性の強みとみなしている価値観から派生している。」というギリガンの主張は、女性の他者への従属性、言い換えれば、他者の声に耳を傾けようとする姿勢こそ、道徳的関心の本質にも根ざしているといえます。[*56] ギリガンの論はフェミニストたちから「本質主義」として批判されてきました。しかし、じつは彼女の「ケアの倫理」、つまり他者の苦しみを想像する潜在能力は女性に限定されているわけではないはずです。社会化され、ケアの訓練を受けている女性たちの方が「ケア」の能力は高いのかもしれませんが、ケアの倫理論者はこの価値が

＊54　ワーズワス、前掲書（＊52）、一九八四年、九三頁（原文は、"The cocks did crow to-whoo, to-whoo,/"And the sun did shine so cold." ── Thus answered Johny in his glory....")。
＊55　キテイ、前掲書（＊45）、二〇一〇年、三二四頁。
＊56　ギリガン、前掲書（＊44）、二〇二二年、八四頁。

広く社会に広がることを期待しています。私は、ケア文学の研究を実践することで障害学が言祝いできた想像力を育み、その重要性を訴え続けられたらと思っています。

おわりに　――たんぽぽの下から世界を見る

私が保育者になった頃、子どもに関わることは「自由」と関わることでした。

愛知と静岡の県境、石巻山の麓にある幼稚園に勤めていた私は、たんぽぽの黄色いっぱいになった河岸を子どもらと来る日も来る日も飽きることなく歩いていました。小川のそばには植物が自生していて、子どもらはイタドリをくちゃくちゃ噛んだり、爪までびっしり土を詰めながらノビルを掘り返したりしていました。数人の子どもたちとごろんと横になってみると、たんぽぽの下から空が見えました。春のうららかな幻想に過ぎないのかもしれませんが、そのとき私はたんぽぽたちが一斉に空を照らすのを見ました。いっぱいに花を開いて、まるで全身を投げ出すかのように太陽を照らしているたんぽぽたちを下から見上げたとき、私は保育とは何かを感覚的に掴んだような気がしたのです（とはいえ、そこから長い長い修業が必要ではあったのですが）。太陽が花を照らすのではなく、花のほうがむしろ太陽を祝福している。たんぽぽは育っていく、保育とはそれを下から支える大地であるだろうと。

それが今やどうでしょうか。保育の世界は管理や監視の目ばかりが光っています。大人たちは子どもたちを管理統制することで、まるで自分のなかの監獄での記憶が少しは慰められるとでもいうかのように、自由を目の敵にしています。みんな自由が怖いのです。

私たち保育者は存在を基底から支える、存在承認に寄与する存在だったはずです。保育の世界で私たちは時に混ざり合い、溶け合い、ズレはズレのままに一緒に暮らしていたはずです。それはなにも、そんなに難しいことではなかったのです。


さらに保育以後の分断の加速度も衰える兆しを見せません。保育のなかであたりまえに暮らし合っていた「私たち」は、個々に分断されるだけではなく、いつしか大勢と少数に分かれ、時にはそこに優劣まで加わってきます。

こうした分断後の世界で、私たちが再び出会うことはとても難しいことのように思えます。分断のなかでは、外部から当事者性を汎化することはできないし、当事者だからといって「代表」や「典型」を担えるわけではありません。反対に、お互いに他者の他者性を強調するだけで倫理的な態度を示したかのようにして終えれば、結局は分断や、分断が相対的に強者と弱者とを生むことへの容認につながるでしょう。

本書は保育以後の私たちが、どのように再び出会い直していくのかがさまざまな角度から語られています。そこには触れにいくことへのためらいや、分けることへのもやもやが繰り返しあらわれてきます。ためらいや、もやもやの積極的な反芻と言ってもいいでしょう。そのような姿勢はお互いの「間」を微細に細分化していき、言葉もやはり繊細な手つきで、細分化されていきます。それはそれで一つの倫理だと思うのです。なぜなら言葉の「分ける」作用をそのまま分断に引きつけて、「言語化するからさらに私たちが分けられていくのだ」という結論に至るならば、私たちの間には重苦しい沈黙しか残らなくなるからです。私たちの間に言葉しかないなんて、なんてひどいことなんだろうと嘆きたくなるような夜が仮にあったとしても、やはり私たちはあきらめるべきではないのです。

そうした倫理的で微細な言葉とともに、本書のなかのところどころに物語が介在してくるのは非常に示唆に富むことだと思います。物語は想像力の助けを借りて、転倒や危機やあり得たはずの幼年時代を描き出します。それは私たちが現実と呼んでいるものがいかに恣意的につくられ、沈黙のなかに容認されているもう一つの物語なのかを照らし出します。別の物語があり得るという可能性に賭けることは、倫理である以上に勇気だと思うのです。その勇気はどこからくるのかといえば、私たちのなかに忘却されてもなお、私たちを基底から照らす、あのたんぽぽの光だと思うのです。

二〇二四年一月

青山　誠

執筆者紹介

（執筆順，担当章，＊は編著者）

＊横道　誠（よこみち・まこと）　はじめに，第５章
京都府立大学文学部准教授。専門は文学・当事者研究。

村中直人（むらなか・なおと）　第１章
一般社団法人子ども・青少年育成支援協会代表理事。
臨床心理士，公認心理師。Neurodiversity at Work㈱代表取締役。

すぷりんと　第２章
放課後等デイサービス児童指導員。発達障害当事者。

柏　淳（かしわ・あつし）　第３章
医療法人社団ハートクリニック　ハートクリニック横浜院長，
日本成人期発達障害臨床医学会理事長。

内藤えん（ないとう・えん）　第４章
元・特別支援学校教諭，公認心理師。発達障害当事者。

＊青山　誠（あおやま・まこと）　第６章，おわりに
社会福祉法人東香会理事（保育統括）。保育士。

繁延あづさ（しげのぶ・あづさ）　第７章
写真家，文筆家。

志岐靖彦（しき・やすひこ）　第８章
特定非営利活動法人いきいきムーン代表理事。キャリアコンサルタント。

汐見稔幸（しおみ・としゆき）　第９章
東京大学名誉教授，全国保育士養成協議会会長。専門は教育学・保育学。

小川公代（おがわ・きみよ）　第10章
上智大学外国語学部教授。専門はロマン主義文学・医学史。

ニューロマイノリティ
――発達障害の子どもたちを内側から理解する

2024年2月20日　初版第1刷発行

編著者　横道　誠
青山　誠

発行所　㈱北大路書房
〒603-8303　京都市北区紫野十二坊町 12-8
電話代表　(075)431-0361
FAX　(075)431-9393
振替口座　01050-4-2083

Printed in Japan
ISBN978-4-7628-3247-5
ブックデザイン／吉野綾
カバーイラスト／笹部紀成
印刷・製本／共同印刷工業㈱
落丁・乱丁本はお取り替えいたします。
定価はカバーに表示してあります。

北大路書房の好評関連書

ニューロダイバーシティと発達障害
『天才はなぜ生まれるか』再考
正高信男（著）
ISBN978-4-7628-3091-4　四六判・296 頁・2,200 円 + 税

偉人のエピソードをもとに進化心理学・神経科学の知見をふまえ，様々な障害が強みに働いた過程を考察。好評の書を増補改訂。

アファンタジア
イメージのない世界で生きる
アラン・ケンドル（著）
髙橋純一・行場次朗（共訳）
ISBN978-4-7628-3176-8　四六判・256 頁・3,200 円 + 税
当事者の声を多数収録し，心の中で視覚的にイメージを想起できない困難さやその特性を明示。認知や心像の多様性を知るきっかけに。

ワーキングメモリと発達障害［原著第 2 版］
教師のための実践ガイド
トレイシー・アロウェイ／ロス・アロウェイ（著）
湯澤正通・湯澤美紀（監訳）
ISBN978-4-7628-3225-3　四六判・296 頁・2,500 円 + 税
読字障害，算数障害，発達性協調運動症，注意欠如・多動症，自閉スペクトラム症，不安症群……障害ごとに支援方法を提案する。

障害から始まるイノベーション
ニーズをシーズにとらえ直す障害学入門
田中真理・横田晋務（編著）
ISBN978-4-7628-3223-9　A5 判・208 頁・2,700 円 + 税

障害を社会モデルからとらえ直し，アクセシビリティを高める支援技術や UD の研究知見を紹介。イノベーション創出のヒントを提供。

ギフティッド　その誤診と重複診断
心理・医療・教育の現場から
J.T. ウェブ・E.R. アメンド・P. ベルジャン・N.E. ウェブ・M. クズジャナキス・F.R. オレンチャック・J. ゴース（著），角谷詩織・榊原洋一（監訳）
ISBN978-4-7628-3081-5　A5 判・392 頁・5,200 円 + 税
豊富な事例からギフティッドに類似する障害の特性と比較し，特有の問題や支援の実践を示す。正確な理解に向けた手引きとなる。

インクルーシブ教育ハンドブック
倉石一郎・佐藤貴宣・渋谷亮・濱元伸彦・伊藤駿（監訳）
ISBN978-4-7628-3230-7　A5 判上製・864 頁・12,000 円 + 税

国際的評価を得る特別支援教育の大著，ついに邦訳！　社会文化的背景を踏まえた学際的な視座からインクルーシブ教育を捉え直す。

（税抜き価格で表示しています。）